W0235822

Unsere Kindheit

Claudia Brandau
und Olaf Dellit

Küchentisch
und
Kinderzimmer

Wartberg Verlag

Bildnachweis:
ullstein bild – DIAGENTUR: Titel Freisteller (vordere Reihe);
Privatarchiv Lücke: Titel Freisteller (Monchhichi);
ullstein bild – Sven Simon: S. 5;
Privatarchiv Dellit/van Beek: S. 11, 12, 24, 25, 27, 28, 29, 30, 36 r., 39, 40, 45, 58, 59, 60, 63, 65, 66, 71 o., 79;
Privatarchiv Brandau/Hess: S. 6, 8 l., 9, 14, 17, 20, 21, 31, 42, 43, 44, 56, 57, 62, 72, 74, 75, 78;
Privatarchiv Koch: S. 18, 22, 23, 46, 47, 48, 52, 53 l., 70, 71 u.;
Privatarchiv Paffrath: S. 8 r., 10, 13, 35, 36 l., 37, 53 r., 55, 61, 67, 68, 73;
Privatarchiv Lorenzen: S. 19, 34, 51;
Privatarchiv Metz: S. 33

Wir danken allen Lizenzträgern für die freundliche Abdruckgenehmigung.
In Fällen, in denen es nicht gelang, Rechteinhaber an Abbildungen zu ermitteln,
bleiben Honoraransprüche gewahrt.

1. Auflage 2009
Alle Rechte vorbehalten, auch die des auszugsweisen
Nachdrucks und der fotomechanischen Wiedergabe.
Gestaltung und Satz: Ravenstein und Partner, Verden
Druck: Hoehl-Druck Medien + Service GmbH, Bad Hersfeld
Buchbinderische Verarbeitung: Buchbinderei Büge, Celle
© Wartberg Verlag GmbH & Co. KG
34281 Gudensberg-Gleichen • Im Wiesental 1
Telefon: 0 56 03/9 30 50 • www.wartberg-verlag.de
ISBN: 978-3-8313-2030-1

Inhalt

Vorwort

Schaumbad, Schwarz-Weiß-Fernseher und Sonntagsausflüge – es sind die ganz alltäglichen Dinge und Begriffe, die unsere Kindheitserinnerungen wieder lebendig werden lassen. In unseren Geschichten aus vier Jahrzehnten erzählen wir von Erlebnissen aus einer Welt, deren Werte sich rasant gewandelt haben.

Heute ist es kaum vorstellbar, dass die Väter in Schlips und Kragen am sonntäglichen Mittagstisch sitzen. In den 50er-Jahren gehörte sich das so. Es war eine andere Zeit, als eine spendierte Flasche Sinalco für Kinder eine echte Sensation war.

Was auf dem Kalender schon lang her ist, liegt in unserer Erinnerung doch viel näher: Wer, wie wir, in den 60er- und 70er-Jahren geboren wurde, kennt zwar das konservative Nachkriegsdeutschland nicht aus eigenem Erleben, aber doch aus vielen Gesprächen mit Eltern und Großeltern. Wir geben diese Erzählungen der Generation vor uns und die unserer eigenen Kindheit und Jugend weiter und verweben sie zu einem bunten Geflecht von Alltagsgeschichten.

Wir laden Sie ein, mit uns gemeinsam Ihre eigene Spur in die Vergangenheit aufzunehmen und Ihre eigenen Erinnerungen neu zu entdecken.

Ihre

Claudia Brandau

und Ihr

Olaf Dellit

Triumph: Die siegreiche Nationalelf von 1954.

Das Wunder von Bern oder der Tag, an dem es Sinalco gab

Dieses Erlebnis hat Georg nie vergessen. Sein ganzes späteres Leben noch erinnerte er sich an den 4. Juli 1954, den Tag, an dem Deutschland Fußballweltmeister wurde. Und der Tag, an dem Georg gleich zwei Flaschen Sinalco spendiert bekam. Es geschahen damit also gleich zwei Wunder an diesem verregneten Sommertag. Denn als Jugendlicher in der „schlechten Zeit" kostenlose Getränke in die Hand gedrückt zu bekommen – das war wirklich fast ein Wunder.

Allein, ohne den durchsetzungsfähigen Patenonkel, hätte Georg keine Chance gehabt, in den gesteckt vollen Saal der Kneipe am Ende der Straße zu kommen, um das WM-Finale zu sehen. Dort stand ein winziger Schwarz-Weiß-Fernseher, hoch aufgebockt auf einer Bühne – für Dutzende von Männern, die sich schon lange vor dem Anpfiff aufgeregt ins

Ein echtes Ereignis: Zum WM-Finale 1954 gab's kostenlose Sinalco.

dammt, 90 Minuten lang die Köpfe in den Nacken zu legen und damit das Spiel aus der „Rasierloge" heraus zu verfolgen. Aber besser das Endspiel mit verrenktem Hals als gar nichts gesehen, dachte sich der Zwölfjährige und hütete sich davor, über Nackenschmerzen zu klagen. Immerhin hatte er es geschafft: Er war zum ersten Mal in einem Lokal. Es war eine reine Männerwelt, von Frauen war im großen Saal weit und breit nichts zu sehen.

Das Glück meinte es gut mit Georg an jenem Nachmittag des 4. Juli: Während die Nationalelf im Berner Wankdorf-Stadion bei strömendem Regen vor 65 000 Zuschauern gegen die angeblich übermächtigen Ungarn antrat, saß er im Trockenen. Und: Kurz vor Anpfiff drückte ihm der Patenonkel diese bemerkenswerte kostenlose Limonade in die Hand. Die kostete 30 Pfennig und damit viel Geld.

Doch die Begeisterung darüber, dass Deutschland im Finale der Weltmeisterschaft stand, machte den sonst eher sparsamen Patenonkel großzügig.

Lokal drängten. Nur die, die unter Klaustrophobie litten, blieben daheim vor den Radios sitzen. Die hatten zwar kein Bild, dafür aber jede Menge Raum rundherum.

Für Kinder war also in dem Lokal erst recht kein Platz. Oder wäre keiner gewesen, wenn nicht der Patenonkel einen klugen Vorschlag gemacht hätte: Der Nachwuchs sollte in den beiden ersten Stuhlreihen direkt vor dem Fernseher sitzen. Damit war die Jugend dazu ver-

Aus gutem Grund: Es war das erste Mal, dass Deutschland nach dem Zweiten Weltkrieg wieder an einer großen Sportveranstaltung teilnehmen durfte. Die junge Bundesrepublik war sowohl von den Olympischen Spielen 1948 in London, als auch von der Fußball-WM 1950 in Brasilien ausgeschlossen worden. In Bern standen die deutschen Sportler nun erstmals wieder auf einer der großen Sportbühnen. Kein Wunder, dass der 3:2-Sieg über Ungarn das ganze Land in Euphorie stürzte. Die Stimme des Sportreporters Herbert Zimmermann überschlug sich, als er „Tor! Tooor! Toooorrr!" ins Mikrofon schrie. Genauso laut schrie Georg – und auch alle Männer im Gasthaus. Der Jubel kannte keine Grenzen. Und als Fritz Walter die Goldene Göttin, den ersten Weltpokal der FIFA, entgegennahm, da geschah zeitgleich in Deutschland das zweite Wunder: Ein Freund des Vaters spendierte Georg eine zweite Sinalco. Die Weltmeisterschaft machte das ganze Land glücklich. Und Georg ganz besonders.

Die Fußball-Weltmeisterschaft 1954: Rahn bringt ein ganzes Land zum Jubeln

Das Wankdorf-Stadion in Bern ist Fußballfans bis heute ein Begriff. Dort fand am 4. Juli 1954 ein Spiel statt, das als Wunder von Bern in die Sportgeschichte einging. Im Finale der Fußballweltmeisterschaft stand Deutschland Ungarn gegenüber, das als unschlagbar galt. Die Favoriten gingen durch Ferenc Puskas (6. Minute) und Zoltan Czibor (9.) in Führung. Doch die deutsche Mannschaft um Kapitän Fritz Walter steckte nicht auf. Max Morlock gelang in der 10. Minute der Anschlusstreffer, in der 18. Minute erzielte Helmut Rahn den Ausgleich. In der 84. Minute traf Rahn erneut. Deutschland war erstmals Fußball-Weltmeister und ein ganzes Land jubelte.

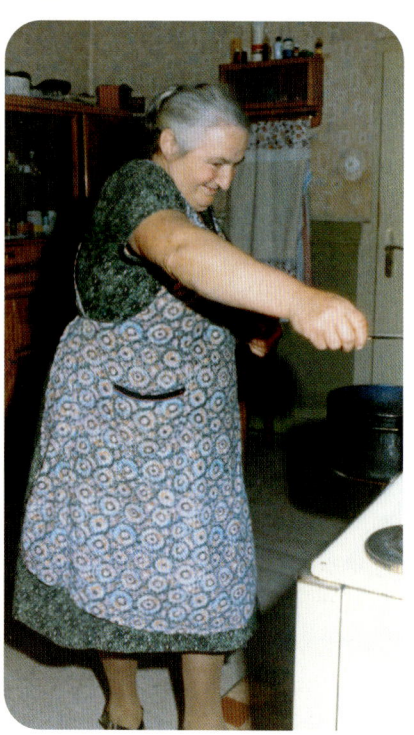

Die Herrscherin der Küche:
Schon morgens wurde gebrutzelt
und gebraten.

Die Ausnahme: Männer waren in
der Küche damals nur ganz selten
anzutreffen.

Der Sonntag roch nach Braten

In den 60ern und 70ern unterlag der Sonntag in den meisten Familien klaren Regeln. Urlaub war selten, Kurzurlaube noch zu teuer, deshalb spielte sich in den meisten Familien ein immer gleicher Sonntag ab. Für die Kinder hieß das: Wer noch nicht in den Konfirmandenunterricht ging und deshalb auch den Gottesdienst am Vormittag nicht besuchen musste, der schlief aus.

Aber nicht überall war solch Müßiggang gern gesehen: Ein Im-Bett-Liegen, bis die Rouladen auf dem Tisch standen, wurde nur in den seltensten Fällen akzeptiert. Sandra konnte ein Lied davon singen. Ausschlafen galt ihren Eltern nicht als Tätigkeit, sondern als gammeln. Also saß Sandra am Wochenende mit der ganzen Familie am Frühstückstisch und schwor sich, ab ihrem 18. Geburtstag unter keinen Umständen je wieder sonntags vor 13 Uhr aufzustehen. Aber bis dahin waren es noch etliche Jahre, in denen sie ihre Füße unter den Familientisch stellte. Wem selbiger gehörte, wurde der Vater sonntags nicht müde, zu betonen.

Und kaum, dass der letzte Bissen geschluckt war, eilte Sandras Mutter an den Herd, damit der Sonntagsbraten genügend Zeit zum Schmurgeln hatte. Der Bratendunst zog durch das ganze Haus. Sandra war daran gewöhnt, dass ihr Vater in unachtsamen Momenten der Mutter zur Tür raus wuschte und für ein oder zwei Stündchen zum Frühschoppen in der Eckkneipe verschwand. Sandra dachte, dass das überall so sei – und war umso erstaunter, als der Nachbarsjunge Jörg von einer ganz anderen Sonntagsvariante berichtete. Jörgs Vater ließ keinen einzigen

Würzige Mischung: Der Spaß am gemeinsamen Kochen wurde in den 70ern entdeckt.

Alle sind zufrieden und satt: Sonntags gab es nach dem Essen auch mal ein Gläschen Wein.

Sonntagmorgen ins Land ziehen, ohne dass er den Fernseher anschaltete, um den Internationalen Frühschoppen zu sehen. Da begrüßte Gastgeber Werner Höfer an jedem siebten Wochentag sechs Journalisten aus ebenso vielen Ländern, die alle eines gemeinsam hatten. Sie debattierten nicht nur aktuelle Themen mit einer Vehemenz, als ginge es um ihr Leben, sie rauchten auch mit ebensolcher Vehemenz ihre Zigarren und Zigaretten. Inmit-

ten von dichten Tabakwolken formulierten sie endlose Schachtelsätze, denen die Zuschauer kaum zu folgen vermochten.

Sandra jedenfalls kannte das alles nicht. Sie bedauerte Jörg, dass sein Vater so anders war. Der ging nicht etwa zum Frühschoppen, er guckte ihn nur im Fernsehen! Das war bestimmt bitter für Jörg, denn ab und zu erhielten Sandra und ihre Brüder von der Mutter den Auftrag, den Vater rechtzeitig zum Mittagessen aus dem Ecklokal zu holen. Eine Order, die die drei liebten, denn der Besuch der Kneipe wäre ja unter normalen Umständen für die Kinder undenkbar gewesen. So aber erschienen sie in offizieller Mission und als optische Mahnung, nur nicht zu spät zu kommen. Der Vater dankte es, indem er eine Limonade spendierte. Mit ganz viel Glück gab es eine Afri-Cola, auch wenn es sonst immer hieß, dass Cola ungesund für Kinder sei.

Pünktlich zum Mittagessen erschienen die vier zu Hause, wo die Mutter schon mit hochrotem Kopf am Herd wirbelte. Nur die wenigsten Familien gingen ins Restaurant zum Essen. Zwar gab es in den 60ern und 70ern schon viele italienische und vor allem jugoslawische Gastronomen, doch der Sparwille der Hausfrau stand dem Genussgedanken im Wege. Die Selbstverständlichkeit, mit der man sich heute eine Pizza nach Hause bestellt, legte damals kaum jemand an den Tag. Da war es eine Ausnahme, wenn man auf den Werbeslogan hörte und auswärts essen ging: „Heu-

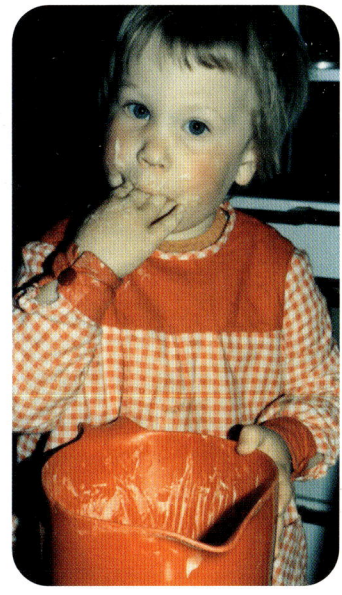

Lecker: Gegessen wurde fast immer zu Hause.

Der Sonntag

te bleibt die Küche kalt, wir gehen in den Wiener Wald." Jedenfalls war das bei Sandra zu Hause so. Jörgs Familie, ja, die leistete sich hin und wieder einen Besuch in der Gaststätte. Danach schwärmte Jörg von Cevapccici, oder wenn die Familie ganz exotisch essen ging, von einem türkischen Gericht. Sandra allerdings erlebte das sehr selten. Eher nie. Essen gehen widersprach der Hausfrauenehre der Mutter und dem Geiz des Vaters. „Spare in der Zeit, dann

Viel Platz war nicht nötig: Man konnte auch zu zweit auf dem Fernsehsessel sitzen.

hast du in der Not", hieß es auf die Frage der Kinder, warum sie Cevapccici nur vom Hörensagen kannten.

Also waberte im Zuge der Sparsamkeit weiter der Bratendunst durch Sandras Elternhaus. Mit viel Fantasie konnte man sich ja einreden, es sei jugoslawischer.

1:0 für Daktari

Heiko und seine Geschwister hatten samstags ihren eigenen Plan: Sie wollten unbedingt – nach dem Baden in Omas oder Opas Badewasser mehr oder weniger sauber – rechtzeitig zu Beginn ihrer Lieblingsserien in die Bademäntel steigen. Und dann erkunden, wo sie einen Fernseher fanden, vor dem nicht die Väter aus der Nachbarschaft saßen und Fußball schauten. Einen Fernseher zu besitzen war noch Ende der 60er-Jahre keine Selbstverständlichkeit. Längst nicht in allen Wohnzimmern stand damals ein TV-Gerät. Umso schlimmer war die samstägliche Kollision der Ereignisse: Daktari und Raumschiff Enterprise liefen dummerweise parallel zur Sportschau. Für die Kinder eines kleinen Dorfes aber bedeutete das schlechte Timing der Fernseh-Intendanten, dass sie ein hohes Maß an Organisationstalent aufbringen mussten. Wenn es irgendwo einen Fernseher gab, war der meist schon belegt: Vor dem hockten die Väter und Großväter des Hauses und feuerten die Spieler der noch recht jungen Bundesliga an. Die Knirpse hatten das Nachsehen. So trafen sich die Jungen und Mädchen in einem der wenigen Wohnzimmer in der

Luxus und Schmuck: Der Fernseher war auch ein wichtiges Möbelstück.

Keine Angst vor Farben: Die Wohnzimmer der 70er Jahre waren oft in quietschorangen Tönen gehalten.

Nachbarschaft, in denen sich nicht alles um Fußball drehte. Statt der Eintracht Frankfurt war da die Dschungelstation Daktari samt Wildpächter Hedley zu sehen. Da hockten also fix und fertig gebadete und gescheitelte Kinder und starrten auf die damals noch schwarz-weißen Bildschirme. Nach dem Abspann aber war Schicht im Schacht, dann gab es keine Pyjama-Party mehr, sondern alle dackelten brav nach Hause. Nur wenige Jahre später hatten die nachbarschaftlichen Fernseh-Besuche der Kinder ein Ende: Mitte der 70er-Jahre stand in beinahe jedem.Haus mindestens ein Fernseher, niemand kam sich mehr bei der Programmauswahl in die Quere. Jeder konnte sein Freizeitverhalten nach den wichtigsten Eckpfeilern des Wochenendes ausrichten: samstags die Sportschau, sonntags Bonanza. Die Serie startete in den USA 1959, kam 1962 zu uns und lief schließlich 1973 aus – das war etwa eine Generation lang. An dem Samstagsritual aber änderte sich wenig. Da wurde nach dem Reinigen – so wurde das Fluten des Badezimmers getarnt – zu Hause Daktari geguckt. Vorher gab es noch ein frühes Abendessen, denn die Männer wollten gestärkt in die Aufregung um die Ergebnisse der erst 1963 gegründeten Bundesliga gehen. Nach Daktari aber ging das Fernsehgucken erst richtig los.

Alle versammelten sich begeistert vor der Glotze, wenn Hans-Joachim Kulenkampff in den Jahren 1964 bis 1969 das internationale Quiz „Einer wird gewinnen" moderierte. Nicht weniger Erfolg als Familienunterhalter hatte der Schweizer Schlagersänger Vico Torriani, der ab 1967 seinen niederländi-

schen Vorgänger Lou van Burg ablöste und von 1967 bis 1970 die Spielshow „Der goldene Schuss" im ZDF leitete. Lou van Burg hatte 1967 gehen müssen, weil er eine Affäre mit seiner Assistentin hatte – ein Skandal im prüden deutschen Fernsehen. Die 25. Ausgabe der Show – ursprünglich noch mit Lou van Burg geplant – wurde am 25. August live von der Berliner Funkausstellung gesendet.

Pech aber, wenn keine Showtime, sondern Krimizeit war. Dann mussten die Kinder ins Bett, denn die Filme waren zu gruselig für den Nachwuchs. Bei den legendären Straßenfeger-Krimis des englischen Autors Francis Durbridge saßen in den 60er-Jahren mehr als 20 Millionen Menschen gebannt vor den Fernsehgeräten. Nur zum Vergleich: Einen Tatort sehen heute im Durchschnitt um die acht Millionen Zuschauer. An einem Durbridge-Abend waren viele deutsche Innenstädte wie im nationalen Ausnahmezustand – dann waren die Zentren leer gefegt.

Im Trainings- oder Schlafanzug lagen also an Durbridgelosen Samstagabenden Heiko und seine Geschwister auf dem Sofa hingegossen und dämmerten in einen Tag ohne Schule und Verpflichtungen hinein. Es wurde ferngesehen, bis die Augen viereckig waren. Auch wenn die Fernseher damals eine neue Erfindung waren: Heiko fragte sich manchmal doch, was man denn früher an jenen langen dunklen Winterabenden gemacht hatte, als noch keine mit Nussbaum-Furnier ummantelte Mattscheibe das Wohnzimmer dominiert hatte und der noch unbekannte Vico Torriani in der Schweiz fröhliche Lieder sang.

Die Wanne ist das Ziel

Claudia liebte das Samstagnachmittags-Ritual. Es lief an jedem Wochenende der späten 60er- und frühen 70er-Jahre in der immer gleichen Zeitschleife ab. Die Dinge eilten ohne großes Holpern und Stolpern

sommers wie winters in einer Wiederholungsspur auf das große Ziel hin: die Badewanne.

Wenn am Nachmittag der weiße Ofen im blau gekachelten Bad angefeuert wurde, war das für Claudia Signal und Versprechen in einem. Es war der Start in einen langen Fernsehabend, der stets mit Schaumbergen in der Badewanne begann und im besten Falle mit Hans-Joachim Kulenkampff und „Einer wird gewinnen" endete. Im schlechtesten Fall lief ein Krimi, den sie nicht gucken durfte, weil er angeblich zu brutal war. Aber das kam selten vor und stand erst lange nach dem Baderitual an.

Es war der Opa, der samstagnachmittags den Reigen der Seifenfreunde eröffnete. Mit einem frischen Handtuch über der Schulter verschwand er im Badezimmer. Opa war der erste, weil er auch der schnellste war: Er hatte ein extrem hohes Reinigungstempo drauf. Der Wellness-Gedanke war schließlich noch nicht gedacht. Es ging damals in deut-

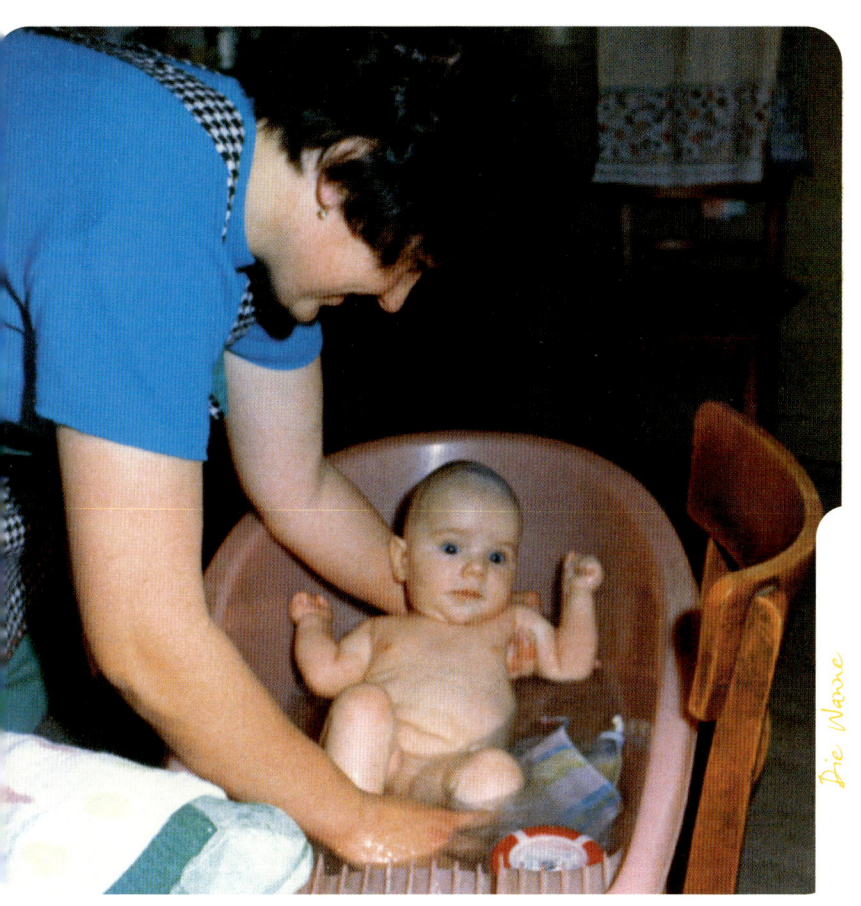

Mini-Ausgabe: Auch Babys kamen in die Wanne, selbst wenn deren Größe
überschaubar war.

schen Badezimmern in erster
Linie ums Säubern, nicht ums
Entspannen. Das hatte der
Opa in all den vielen Jahren,
in denen er sich am weißen
Spülstein in der Küche gewa-
schen hatte, gelernt. Seit die-
ser Zeit beherrschte er die ho-
he Kunst des Blitzreinigens.
Überhaupt, befand der Groß-

vater, wurde dem ganzen Thema Baden samt solchem Un-
sinn wie Schaumzusatz viel
zu große Bedeutung beigemes-
sen. Kernseife und ein Schüs-
selchen mit warmem Wasser
taten es schließlich auch.
Zumindest für ihn. Der Rest
der Familie wollte sich nicht
streiten, genoss aber die

Was für ein Spaß: Zu dritt im Schaumbad.

Annehmlichkeiten, die das neue Badezimmer mit sich brachte. Zu frisch war noch die Erinnerung an jene Zeiten, in denen die Toiletten eine Etage tiefer oder gar draußen waren. Die Oma tat es dem Opa nach: Auch sie legte eine hohe Geschwindigkeit bei der Körperpflege vor. Schließlich wollten noch mehr Menschen nach ihr ins einzige Badezimmer des Hauses. Und die Zeit war knapp: Schon kurz bevor die Sportschau begann, kamen die Männer in die Küche, dann musste das Abendessen auf dem Tisch stehen.

Claudia und ihr Bruder waren immer entsetzt, wenn sie

Wahrer Luxus: Alleine in der Wanne.

schneller als gedacht an die Reihe kamen. Denn wenn sich die Großeltern gar so sehr hetzten, hatte der Badeofen nicht genügend Zeit, frisches Wasser auf die richtige Temperatur zu bringen. Die Konsequenz: Bei hohem Badetempo der Vorgänger musste man mit deren Wasser vorliebnehmen. Das war zwar auch nicht mehr wirklich heiß, aber immerhin noch temperiert und damit besser als eiskalt. Schön war es nicht, wenn man ins Oma-Wasser steigen musste, aber eben besser als gar nicht baden – und damit das komplette Samstagabendritual ins Wasser fallen zu lassen.

Runde Sache: Was lange grillt, wird endlich gut.

Grillen mit Knalleffekt

Ein Höhepunkt im Familienleben war es, wenn der Grill angeworfen wurde. Mama, Papa, Frank und Katrin standen schon am Nachmittag in der Küche und schnippelten auf Mamas Anleitung alles Mögliche klein: Kartoffeln, Eier, Gurken, Paprika, Tomaten und Fleischwurst. Bis zum frühen Abend, als die Nachbarn herüberkamen, war alles fertig. Es gab Nudel- und Kartoffelsalat aus großen Tupperschüsseln, Bier und Cola, Wurst und Steak. Die Männer fachsimpelten über die richtige Grilltechnik

Gesellig: Grillen war immer ein Familienvergnügen.

und bearbeiteten die Holzkohle mit Blasebalg und Spiritus. Es wurde auch diesmal ein gemütlicher Abend, an dem Frank und Katrin lang aufbleiben und mit den Nachbarkindern durch den Garten tollen durften.

Grillen mit Knalleffekt

Rustikal: Es gab immer einen Platz fürs Abendessen draußen.

Am nächsten Tag mussten dann alle beim Aufräumen mit anpacken. Möbel wurden wieder ins Haus geschleppt, und Katrin zog mit einem großen Müllsack durch den Garten, um die Reste vom Vortag einzusammeln. Frank hatte den Auftrag bekommen, den Grill zu reinigen und die Kohle – wenn sie denn kalt war – in die Mülltonne zu schütten. Am besten also am nächsten Tag.

So lange musste man sicher nicht warten, dachte Frank. Er ging zum Grill und hielt vorsichtig die Hand über die aschgrauen Reste. Zu spüren war so gut wie nichts. Zur Sicherheit legte er die Hand noch auf die

Lecker: Ketchup und Plastikgabel gehörten zum Grillen einfach dazu.

Je mehr, desto besser: Grillabende waren der Gipfel der Geselligkeit.

Kohlen: nichts. Jetzt war Frank sicher. Er nahm den Grill und trug ihn zur Mülltonne. Klappe auf, und schon waren die Reste der Grillkohle verschwunden. Ein paar Stunden später hörten sie Katrin schreien: „Die Mülltonne brennt!" Sie liefen raus und sahen dort, wo einmal die Tonne gestanden hatte, einen qualmenden Rest Kunststoff. Papa eilte mit einem Eimer Wasser herbei und goss ihn über die Tonnenreste. Es zischte, dann war der Spuk vorbei. Eine neue Tonne musste gekauft werden, was einiges kostete. Aber die Geschichte, die Frank und seine Eltern noch Jahre später gerne bei jedem Grillabend erzählten, war jede einzelne Mark wert.

Als es um die Wurst ging

Über dem Sonntag lag wieder eine festlich-ernste Stimmung. Brigitte wusste, dass Vater an diesem Tag noch strenger auf die Regeln achtete als während der Woche. Nach dem Kirchgang, den alle im Sonntagsstaat angetreten hatten, stand pünktlich das Essen auf dem Tisch.

Lockere Stimmung: So entspannt ging es in den 50ern bei Tisch selten zu.

Vor Kopf saß Vater: schwarzer Anzug, weißes, frisch gestärktes Hemd, dunkle Krawatte, die Brille mit den runden Gläsern auf der Nase. Kurt und Peter, Brigittes Brüder, trugen ebenfalls schwarz, ihre Haare waren wie mit dem Lineal gescheitelt. Genauso akkurat hatte die Mutter die Zöpfe der Mädchen geflochten. Was sollten denn auch die Leute denken, wenn ihre Kinder die Haare nicht ordentlich trugen? Mutter hatte vor und nach der Kirche in der Küche gestanden, eine weiße Schürze schützte ihr schwarzes Kleid mit dem weißen Rüschenkragen vor Spritzern der Bratensoße. Pünktlich trug sie nun die weißen Porzellanschüsseln herein, dampfend zog der Essensduft durch den Raum. Vater hatte, wie sich das gehörte, den Vorsitz eingenommen. Mit strenger Miene saß er am Kopfende und wartete auf das Essen. Brigitte, Gabriele, Kurt und Peter hatten die Hände auf den Tisch gelegt und warteten ebenfalls. Schweigend. Bald standen die Schüsseln vor ihnen. Vater hob einen Deckel an und schaute prüfend hinein. Dann nahm er sich eine große Roulade heraus, betrachtete sie und legte sie dann feierlich auf seinen Teller. Schließlich nahm er Kartoffeln und Soße, dann war sein Sonntagsessen fertig. Rouladen waren eine besondere Kostbarkeit in diesen Jahren. Wenn Vater einen besonders großzügigen Tag hatte, schnitt er mit dem Messer kleine Stücke von der Fleischrolle ab. Die Kinder schoben nacheinander ihre Teller zum Vater, der ihnen mit einem Lächeln die Fleischstückchen darauflegte. Mutter wäre gar nicht auf die Idee gekommen, für sich selbst einen Anteil einzufordern. Sie begnügte sich mit Kartoffeln und Soße, so wie die Kinder an den meisten Sonntagen auch.

In der Woche war es noch einmal ganz anders. Wenn Brigitte und ihre Geschwister von der Schule nach Hause kamen, stand ein großer Topf bereit. Zuerst zogen sie sich um, schließlich ging es nicht an, die

Kinder mussten gehorchen: Das galt natürlich auch bei den Mahlzeiten.

kostbare Schulkleidung auch am Nachmittag zu tragen. Auch an diesem Tag, als Brigitte den Topfdeckel anhob, wurde sie enttäuscht: Kartoffeln und Weißkohl, wie jeden Tag. Jeden einzelnen Tag ihres Lebens, so kam es ihr vor, gab es Kartoffeln und Weißkohl. Der Geruch zog schon durch den Korridor, wenn Brigitte die schwere Eingangstür öffnete, und überdeckte sogar den des Bohnerwachses.

Kartoffeln und Weißkohl! Wenn sie nicht solchen Hunger gehabt hätte nach dem langen Schultag, wäre ihr jetzt der Appetit vergangen. So nahm sie mit dem Holzlöffel eine kleine Menge aus dem Topf und probierte sie. Beinahe hätte sie das Gesicht verzogen, doch ihre Mutter warf ihr einen Blick zu. Der bedeutete: „Kind, du weißt doch, wir sind keine reichen Leute, die jeden Tag Fleisch essen können."

So aß Brigitte auch an diesem Tag ihre Kartoffeln und ihren Weißkohl, genauso wie Gabriele, Kurt und Peter. Dabei schloss sie manchmal die Augen und stellte sich vor, sie hätte Vaters Sonntagsroulade auf ihrem Teller liegen, und der Duft zöge ihr in die Nase. Doch, das war allen klar, das Fleisch war für den Vater bestimmt. Immerhin musste der auch das Geld für die Familie verdienen. Überhaupt das Essen. Es gab eine geheimnisvolle Welt jenseits von Kohl und Kartoffeln.

„Warum, warum ist die Banane krumm?" So riefen sie sich manchmal in der Schule zu. „Weil sie niemand gerade gebo-

gen hat." Brigitte hatte sich diese Banane tausendmal vorgestellt: leuchtend gelb, geschmeidig gebogen, mit einem Geschmack, der einen den Regen vergessen ließ. Irgendwann war eine Tante zu Besuch und verkündete, sie habe für die Kinder Bananen mitgebracht. Was war das für eine Enttäuschung! Eher grau als gelb und eher gerade als krumm, lag dieses Ding in Brigittes Hand. Eigentlich wollte sie geradewegs reinbeißen, doch die Tante erklärte ihr, wie sie die Banane schälen musste. Vorsichtig zog sie die Schale ab und biss dann hinein. Doch selbst der Geschmack enttäuschte, diese Banane schmeckte sogar grau. Die Enttäuschung war grenzenlos. Erst Jahre später entdeckte Brigitte, dass nicht jede Banane so fade schmeckte.

Nach den Hausaufgaben streifte Brigitte durchs Haus. Mutter hatte sich hingelegt, die Geschwister saßen noch über den Hausaufgaben oder strolchten durch die kleine Stadt. Im Wohnzimmer, der nur selten geheizten guten Stube, sah Brigitte im Glasschrank die kleine

Unternehmungslustig: Wenn sich die Kinder unbeaufsichtigt fühlten, gingen sie auf Entdeckungstour.

Zuckerdose stehen, in der kein Zucker war, wie sie nur zu gut wusste. In dem kleinen Döschen bewahrte Mutter ihr Einkaufsgeld auf. Eigentlich wollte Brigitte nur kurz gucken, wie viel Geld darin war und die Münzen vielleicht einmal in die Hand nehmen, da schoss ihr ein Bild durch den Kopf: eine saftige, runde Fleischwurst, wie sie sie einmal beim Metzger gesehen hatte.

Brigitte sah sich um, horchte in die Stille der Mittagsstunde und öffnete dann vorsichtig die Tür mit der eingelassenen Glasscheibe. Fast geräuschlos hob sie den Deckel der Zuckerdose und angelte ein paar Münzen heraus. Sie sah sich wieder um, lauschte: nichts. Langsam stellte Brigitte die Dose zurück und schob die Schranktür zu. Dann griff sie sich ihre Schuhe und ihren Mantel und schlich aus dem Haus.

Auf den Straßen war nur wenig los. Beim Metzger angekommen, nahm Brigitte sicherheitshalber die Hintertür. Die Metzgersfrau guckte komisch, als sie die Kleine kommen sah.

Korrekt: Die Kleidung musste immer ordentlich sein.

vom Haus aus nicht entdeckt werden konnte. Von ihren Geschwistern war weit und breit nichts zu sehen, das Haus lag still da. Langsam wickelte sie ihren Schatz aus und biss vorsichtig hinein. So gut hatte ihr in ihrem Leben noch nie etwas geschmeckt, glaubte sie. Brigitte kaute und kaute, bis die ganze Wurst vertilgt war und ihr schlecht war.

Nicht nur das; jetzt kam auch noch das schlechte Gewissen dazu: der Mutter Geld gestohlen und den Geschwistern nichts abgegeben. Ihr verdorbener Magen geschah ihr ganz recht, dachte Brigitte. Mutter wunderte sich, dass sie beim Abendessen so gar keinen Hunger hatte. Die Geschichte mit dem angeblich schon gegessenen Butterbrot akzeptierte sie misstrauisch und widerwillig und schickte Brigitte früh ins Bett. Da lag Brigitte nun unter ihrer dicken Daunendecke. Sie glaubte den köstlichen Geschmack der Wurst noch auf der Zunge zu haben, schmeckte aber gleichzeitig bittere Schuldgefühle.

Natürlich flog die ganze Geschichte nur kurze Zeit später

Brigitte versuchte, sich ihre Aufregung nicht anmerken zu lassen und bestellte tapfer eine Fleischwurst. Das gute Stück wurde in Papier eingewickelt, das Brigitte unter ihrem Mantel versteckte. Sie merkte gar nicht, wie die Wurst durch das Papier auf ihre Bluse fettete und hatte am Abend reichlich Schwierigkeiten, das der Mutter zu erklären.

Brigitte schlich sich in den Garten und machte es sich hinter einem Busch bequem, wo sie

Auf großer Fahrt: Der Ausflug zum Onkel wurde zum Abenteuer.

Der Schnitzel-Coup

(rechts am Bildrand, handschriftlich:) Der Schnitzel-Coup

auf. Mutter merkte, dass Geld fehlte, und die Metzgersfrau war noch nie für ihre Verschwiegenheit bekannt gewesen. Mutter erzählte es Vater und der gab Brigitte einen Termin. Am Abend musste sie in sein Zimmer kommen und sich dort ihre Tracht Prügel abholen. Und das alles für eine Fleischwurst!

Der Schnitzel-Coup

Restaurants – schon alleine das Wort klang exotisch. Und Restaurants waren in den 50er-Jahren auch wirklich eine fremde Welt. Man ging eigentlich nicht ins Restaurant, schließlich hatte man zu Hause einen Herd und

Zu Tisch: Der Besuch in einer Gastwirtschaft war eine echte Seltenheit.

kein Geld, das man einfach so aus dem Fenster werfen konnte. Doch es gab die seltenen Ausnahmen. Zum Beispiel, wenn man auf Reisen war. So war es auch, als sich die ganze Familie auf den Weg zu Onkel Herbert machte, der viele Fahrstunden entfernt wohnte. Mutter hatte Vater schon vor Tagen mit banger Miene gefragt, wie viel Proviant sie denn einpacken solle, doch der hatte feierlich geantwortet: „Gar keinen. Wir gehen ins Restaurant."

Für die Kinder war das die wirklich aufregende Nachricht. Auf Onkel Herbert, der beim Kaffeetrinken doch wieder nur mit Zuckerdose und Sammeltassen den Kriegsverlauf in Russland nachstellen würde, freuten sie sich weniger. So kam es, dass die sechsköpfige Familie an einem Bahnhof, an dem sie Aufenthalt hatte, auf das gegenüberliegende Restaurant zusteuerte, das treffenderweise „Bahnhofsgaststätte" hieß.

Doch bevor sie den Gastraum betraten, rief der Vater Elisabeth, Johanna, Karl und Gerhard zu sich. Er sah sie ernst an, erklärte – wie immer – dass sie wenig Geld hatten und fuhr – wie immer – fort, dass für Schnitzel und anderen Luxus nun wirklich kein Geld da sei. „Also denkt dran: Jeder nur ein Würstchen!" Alle vier nickten ernst und etwas betreten, denn insgeheim hatten sie auf mehr gehofft.

So saßen sie bald an einem groben Holztisch auf harten Stühlen und studierten die Karte: Strammer Max, Jägerschnitzel, Braten. Doch alle wussten: Es gab für jeden nur ein Würstchen und ein Glas Wasser. Nur in Karl nagte es. Er hatte es satt. Da saßen sie einmal im Jahr in einem echten Restaurant, seit Wochen hatte er sich auf diesen Tag gefreut, und dann sollte es wieder nur ein schrumpeliges Würstchen mit Senf geben.

Dann kam der Kellner, nuschelte unfreundlich vor sich hin und blickte von seinem Block auf. Alles kam wie erwartet. Vater und Mutter bestellten Würstchen, Elisabeth ein Würstchen, Johanna ein Würstchen und Gerhard ein Würstchen. Und dann, bevor er überhaupt nachdenken konnte, hörte Karl sich sagen: „Und ich nehme ein Schnitzel." Mit versagender Stimme schob er ein „Bitte" nach. Karl schaute unter den Tisch, doch er merkte, dass alle ihn anstarrten. Keiner traute sich etwas zu sagen, auch Vater nicht. Schließlich wollte er sich dem Kellner gegenüber –

Erwartungsvoll: Die Aussicht auf einen Restaurantbesuch freute die Kinder.

in diesen Zeiten noch eine echte Autoritätsperson – keine Blöße geben. Der Kellner bekam von dem stillen Skandal gar nichts mit, nickte und notierte sich fünfmal Würstchen und ein Schnitzel.

So hockten eine gute halbe Stunde später drei Kinder und ihre Eltern vor einem Würstchen und etwas Senf plus einer Scheibe Weißbrot. Ein Kind aber saß vor einem saftigen Schnitzel. Doch der fleischgewordene Traum schmeckte bitter für den kleinen Karl. Denn bei jedem Bissen schmeckte er auch die neidischen Blicke seiner Geschwister und die Enttäuschung seiner Eltern. Und an das Nachspiel des Schnitzel-Coups, wenn sie wieder zu Hause waren, wollte er lieber gar nicht denken.

Das Wandern war der Eltern Lust

Wenn es etwas gab, das Sabine zur Weißglut brachte, dann war es das Freundinnenverbot am Wochenende. Wenigstens am Sonntag, hatte ihr die Mutter eindringlich erklärt, wolle sie gerne mal ihre Ruhe haben und nicht von zig tobenden eigenen und fremden Kindern umringt werden. Außerdem sei dann der Papa zu Hause und der brauche nach einer harten Arbeitswoche ebenso dringend seine Ruhe. Also war klar: Sabine und ihre Brüder durften niemanden zu sich nach Hause einladen – aber auch selbst nicht zu anderen Kindern nach Hause gehen. Der Sonntag gehörte der Familie.

Stattdessen – welch ein Graus – stand nach dem Mittagessen der sonntägliche Spaziergang an. Die ganze Familie flanierte in den Wald. Flanieren deshalb, weil für diese Spaziergänge nicht die strapazierfähige Alltagskleidung getragen wurde, sondern natürlich die Sonntagskleidung. Weiße Strumpfhosen waren nicht unbedingt der Hit, wenn es darum ging, sich neben einen Kaninchenbau zu knien und mal schnell nachzusehen, ob jemand zu Hause war. Und auch das zauberhafte hellblaue Kleid, das Tante Helga neulich zu Sabines Geburts-

Verstecken half nichts: Jeder musste mit zum Spaziergang.

tag hatte springen lassen, war wirklich nicht der Bringer, wenn es galt, flink auf einen Baum zu klettern.

Doch Sabines Mutter kannte keine Gnade: An einem Sonntag hatte man auch wie an einem Sonntag auszusehen. Rüschenkleid, wahlweise eines mit einer dieser modernen Kra-

watten als Dekoration, weiße Strumpfhosen und – igitt! – Lackschuhe dazu. Es war kein Wunder, dass Sabine Sonntage nicht mochte.

Der Clou kam aber noch: Am Start dieser Familienausflüge, bei denen ihre Brüder missmutig neben den untergehakten Eltern herstiefelten und einen

Mit Schlips und Kragen: Sogar im Wald war man korrekt gekleidet.

Stein nach dem anderen aus dem Wege kickten, versprach der Vater stets, später in einem der zahllosen Cafés einzukehren, auf die man unterwegs stoßen würde. Dann kam wahrhaftig die erste Gelegenheit, den erholsamen Spaziergang zu unterbrechen und ein Eis zu essen. Doch der Zeitpunkt war zu früh, es sei besser, noch ein Stück weiterzulaufen und sich damit die Belohnung auch zu verdienen, sagte der Vater. Nach einer Viertelstunde tauchte das nächste Ausflugslokal auf. Dort herrsche immer zu viel Betrieb und großes Gedränge, erklärte die Mutter, und man sei außerdem auch

Sonntagsstaat: Mit Kostüm und Königspudel auf Tour.

jetzt noch nicht lange genug gelaufen.

Die Stimmung der Kinder begann zu sinken, sie wussten, was kommen würde. Auch die Gaststätten Nummer drei, vier und fünf wurden links liegen gelassen. Sie waren entweder zu teuer, mit zu vielen bekannten Menschen besetzt, mit ei-

ner zu kleinen Kuchenauswahl ausgestattet oder der Kaffee schmeckte dort einfach nicht. Es war wie jeden Sonntag: Das Einkehren in ein Lokal, das große Lockmittel für die Kinder, fiel wieder einmal aus.

Nach eineinhalbstündiger Lackschuh-Wanderung erklärte die Mutter fröhlich, dass es nun

Kulturtourismus: Auch Sehenswürdig-
keiten standen auf dem Plan.

In der Natur: Jeden Sonntag ging es ins
Freie.

sowieso zu spät sei, um ein
Lokal aufzusuchen. Gut, dass sie
mitgedacht und gestern bereits
– rein vorsorglich – einen schönen Blechkuchen gebacken hatte. Das hieß im Klartext: Umdre-
hen, die letzten hundert Meter
humpeln, weil die Schuhe drückten und sehnsüchtig jene Kinder
anstarren, die Eis leckend auf
der Terrasse eines Ausflugslo-
kals saßen. An Sonntagen, so

die bittere Erfahrung, wurde selten gehalten was versprochen
wurde.

Die Stachelbeere kommt aus Neuseeland

Gebannt saßen Barbara und ihre Geschwister vor dieser lustigen Frucht, die die Mutter aus

der Großstadt mitgebracht hatte. Was war das? Und was machte man damit? Schmeckte etwa auch die braune Schale? Oder sollte man nicht doch erst das Innere freilegen? Auch Barbaras Mutter hatte keine Ahnung, was man denn mit diesem Ding anfangen sollte, das da über den Tisch kullerte. Es war quasi ein Testkauf, den sie an der Obsttheke getätigt hatte, und deshalb hatte sie nur ein einziges Exemplar der fremdartigen Frucht mitgebracht. Die Verkäuferin hatte Stein und Bein geschworen, dass das haarige Ding lecker und gesund sei. Leider hatte sie nicht gesagt, wie man es essen sollte. Das seltsame Teil auf dem Tisch kam von der anderen Seite der Erde, trug den lustigen Namen Kiwi und sah aus wie eine Mischung aus geschrumpftem Apfel und überdimensionierter Stachelbeere. Barbara war die Mutigste von allen: Bevor sie jemand daran hindern konnte, griff sie zu und biss herzhaft hinein. Igitt! Die Schale kratzte bitter auf der Zunge. Aber das Innere war weich und schmeckte ganz, ganz – extraordinär. Nicht dass Barbara dieses Wort

Die Stachelbeere

Frischer Wind im Haushalt: Exotische Früchte peppten den Speiseplan auf.

oft benutzt hätte, aber in diesem Falle tat sie es: Nichts, dass sie kannte, schmeckte so wie diese Frucht. Extraordinär. Und grün. Jawohl, sie schmeckte vor allem grün. Die Schwestern sahen sie staunend an. Wie konnte denn etwas grün schmecken? Aber dieser seltsamen Frucht war alles zuzutrauen. Die Mädchen wagten nun auch den Versuch, teilten die restliche Frucht auf und wussten plötzlich, wie etwas grün schmecken kann.

Der Versuch war schnell beendet, denn es gab nur eine einzige Frucht; zumindest für diesen Tag. Auch Barbaras Mutter war sehr angetan: Die Kiwi würde dazu beitragen, dass künftig ein frischer Wind durch ihre Küche blies.

Schon bald brachte die Mutter wieder Kiwis mit – und zwar für jedes Mädchen eine eigene. Und sogar eine fürs Mittagessen. Denn die Entdeckung der Kiwi hatte fürs Essen in Barbaras Familie weitreichende Bedeutung. Ihre Mutter fand es ab sofort todschick, Fleisch mit Kiwischeiben zu garnieren. Die Kiwi löste bis dahin ungeahnte

Experimentierfreude aus. Nachdem Mutter jahrelang die Hälfte der neuseeländischen Kiwi-Ernte auf den sonntäglichen Rinderbraten verteilt hatte, entdeckte sie die Feinheiten der chinesischen Küche.

Doch so fortschrittlich war in den 70er-Jahren längst nicht jedermann, schon gar nicht Barbaras Vater. Er leistete erbitterten Widerstand gegen so viel fremdländischen Einfluss auf seine Ernährung: Als es das erste Mal Glasnudeln mit Kiwi gab, war es vorbei mit der väterlichen Toleranz. An bestimmten Punkten, so fand er, war mit dem neumodischen Kram mal Schluss. Und in diesem Falle war der Punkt klar definiert: Er lag bei Glasnudeln mit Kiwi.

Eis mit Opa

Elisabeths Opa war gütig und großzügig, wenn er seine Enkelkinder besuchte. Zugleich war er ein sehr korrekter Mann und niemals ohne Hut und Kragen unterwegs. Diesmal kam Elisabeth eine besondere Ehre zu. Da sie vor ein paar Tagen

Aufregend: Eine Fahrt mit dem Kleinschnittger.

Geburtstag gehabt hatte, würde Großvater – keines der Kinder hätte gewagt, ihn Opa zu nennen – mit ihr alleine in die Stadt gehen; vielleicht sogar in den Zoo.

Elisabeth war stolz wie Bolle, als Opa mit seinem grauen Kleinschnittger vorfuhr und sie auf den Beifahrersitz klettern durfte. Kein Gedanke damals in den 50er-Jahren an Gurte oder gar Kindersitze. Als sie ihrer Mutter aus dem Auto zuwinkte, sah sie, wie sich Johanna, Karl und Gerhard hinter dem Fenster drängten. Elisabeth glaubte, die neidischen Blicke ihrer Geschwister auf der Haut zu spüren.

„Nun", fragte Großvater mit seiner tiefen Stimme, als das Elternhaus hinter der Straßenecke verschwunden war, „wohin wollen wir beiden Hübschen denn nun fahren?"

Elisabeth hatte auf diesen Moment gehofft und sagte feierlich: „Ich würde so gerne ein Eis essen." Großvater runzelte die Stirn und nickte dann. Elisabeth musste dem alten Herrn beschreiben, wo es Eis zu kaufen gab.

Die Stadt: Eine geheimnisvolle Welt, in der es auch Eis gab.

So parkten sie auf einem großen Platz und gingen zu Fuß zur Eisdiele Venezia, an der Elisabeth mit ihrer Freundin Anna nach der Schule immer mit sehnsüchtigem Blick vorbeiging. Auf dem Weg hatte sie nun den Eindruck, als würde ihr Opa sich immer wieder verstohlen umblicken. Es war ein bisschen wie in einem der Kriminalfilme, von dem sie neulich abends heimlich einen durch die offenstehende Tür des Wohnzimmers mitgeguckt hatte; bis Vater zur Toilette ging und sie schnell in ihr Bett verschwand.

Nun waren sie da. Elisabeth bestellte stolz eine Kugel Eis, gemischt natürlich. Das war der Trick, hatte ihr Anna erzählt, um die größte Menge zu bekommen. So musste der Eisverkäufer nämlich aus mehreren Töpfen die Sorten zu einer Kugel zusammenkratzen, und die wurde so größer, als hätte sie nur eine Sorte genommen.

Großvater flüsterte fast, als er sich eine Kugel Schokolade bestellte und reichte dann die zwei Groschen rüber. So kannte Elisabeth ihn gar nicht. Doch dann wurde es noch merkwürdiger. Nun blickte Großvater sich noch häufiger um. Schließlich fasste er sie am Jackenärmel und sagte nur: „Komm, Elisabeth!" Dann zog er sie durch eine Einfahrt in einen Hinterhof. Nun verstand sie endlich: Es war Großvater peinlich, dabei gesehen zu werden, wie er an einem Eis leckte. So stand der stolze Mann nun mit seinem steifen Hut in einem grauen Hinterhof in der Hoffnung, dass niemand aus einem der Fenster schaute, und lutschte seine Kugel Schokoladeneis. Elisabeth war das egal. Die Sonne schien, Großvater war bei ihr, und sie hatte eine Kugel gemischtes Eis bekommen. Und die war immer ein bisschen größer als die anderen.

Heiß aufs Eis

Nach dem Zweiten Weltkrieg wurde Deutschland ganz langsam wieder zum Land, in dem zwar noch nicht viel Honig, aber doch die Milch wieder floss. Als die Lebensmittel-Bezugsscheine 1948 aufgehoben wurden, waren die Zeiten, in denen Milch Mangelware war, vorbei. Sie gehörte sogar zum guten Ton. Man traf sich längst nicht mehr nur auf ein Bier und einen Korn, sondern auch gerne auf eine Erdbeermilch in der Milchbar. In Amerika war der Milchbar-Boom zu Zeiten der Prohibition aufgekommen. In Deutschland eröffneten nach dem Krieg auch immer mehr Eisdielen. Dort traf sich vor allem die Jugend. Eisdielen und Milchbars wurden Ausdruck eines Lebensgefühls, dem die enge Nachkriegswelt nicht genug war. Übrigens gab es die ersten Eisdielen nicht erst in den 50er- oder 60er-Jahren: Schon in den 1920er-Jahren öffneten in Deutschland die ersten italienischen Eisdielen.
Die Firmen Langnese (1935) und Schöller (1937) waren übrigens die ersten, die Speiseeis industriell herstellten.

Damals konnte er noch kraftvoll zupacken: Opa beim Holzhacken.

Das verschwundene Gebiss

Drei Tage lang druckste der Opa herum. Dann endlich gestand er, warum er morgens, mittags und abends nur Milchbrei essen wollte: Das Gebiss war weg. Einfach weg. Er hatte schon überall gesucht und konnte es selbst kaum glauben, aber das Gebiss war und blieb verschwunden. Das war in der Tat heikel, denn ein Gebiss war nicht nur wichtig, um kräftig zubeißen zu können, sondern auch eine teure Angelegenheit. Heikes Mutter ging also energisch auf die Suche und hoffte zugleich, es nicht zu finden –

denn um ehrlich zu sein, sie ekelte sich auch vor Opas Zähnen, die sie jeden Abend im Wasserglas im Sprudelbad liegen sah.

Also stellten Heike, ihre Eltern und Geschwister das ganze Haus auf den Kopf, um dieses unglückselige Teil wiederzufinden. Je schneller sie es fanden, desto schneller konnte der Opa wieder feste Nahrung zu sich nehmen. Sie durchforsteten jeden Raum, das Sofa, die Regale in Küche und Bad, schauten unter Opas Bett nach – die dritten Zähne waren weg. Wie vom Erdboden verschluckt. Der Opa hielt währenddessen beschämt den Mund und wurde immer stiller. Am Abend darauf wurde die Mutter doch fündig: an einem Ort, an dem sie nie gesucht hätte; an einem Ort, an dem normalerweise nichts liegt, schon gar kein Gebiss. Opas dritte Zähne entdeckte sie mitten zwischen ihren rot-blühenden Geranien im Blumenkasten. Einfach so. Die Mutter konnte nicht glauben, was sie sah, als sie mit spitzen Fingern nach dem Gebiss angelte und es seinem Eigentümer überreichte.

Verzweifelt: Zahnlos und allein.

Das verschwundene Gebiss

Glücklich nahm der Großvater das mit krümeliger Erde bedeckte Gebiss entgegen, hielt es kurz unter den Wasserhahn und setzte es sich gleich ein. Der Hunger nach Herzhaftem war in der zahnlosen Zeit groß geworden.

Und plötzlich erinnerte er sich auch wieder, wie die Zähne zwischen die Blumen geraten konnten. Er hatte neulich, an einem sonnigen Morgen, das Wasserglas ausleeren wollen, in dem er sein Gebiss immer über

Nacht lagerte. Dafür hatte er schlaftrunken das Fenster seines Schlafzimmers geöffnet – und das Wasser in die Geranien geschüttet, offenbar samt Gebiss. Gut, dass die Mutter einen grünen Daumen hatte und die Geranien mit Liebe und Vorsicht hatte gießen wollen – sonst hätte der Opa noch tagelang Milchreis essen müssen.

Der Großvater selbst fand die Geschichte übrigens nicht besonders lustig. In Heikes Familie aber war die Erzählung, wie der Opa das Gebiss in die Geranien schüttete, über Jahrzehnte hinweg eine der liebsten Anekdoten. Heike gießt heute längst ihre eigenen Geranien. Und sie wäre wohl alles andere als überrascht, wenn ihr ein Gebiss zwischen den Blättern entgegengrinsen würde.

Auf jeden Topf passt ein Kind

Simone war stolz, als sie endlich keine Windeln mehr brauchte. Das sahen ihre Eltern am frohen Gesichtsausdruck, wenn die Dreijährige auf dem

Genussmensch: Sogar zum Zigarrerauchen brauchte man Zähne.

Stolz: Endlich geht es auch ohne Windeln.

Auf jeden Topf

Töpfchen hockte und auf das wartete, was da kommen sollte. Sie strahlte förmlich; so, als wollte sie sagen: Seht her, was ich schon kann!

Simones Eltern waren froh, dass die Zeiten mit Puder und Penaten, mit Windel und Waschlappen vorbei waren. Und sie waren froh, dass sie in den 70er-Jahren lebten, als Wegwerfwindeln dafür sorgten, dass die Waschmaschine nicht noch häufiger beansprucht werden musste. Darüber, dass die Windeln sich irgendwo zu riesigen Müllbergen türmten, mach-te man sich damals noch keine Gedanken.

An diesem Mittwoch hatten sich Michael und Simones Eltern vor-genommen, zum Einkaufen in die nächste Stadt zu fahren; zehn Kilometer mit dem Auto. Das war kein Problem: Sie wür-den Simone aufs Töpfchen set-zen, ins Bettchen legen, und sie würde schlafen – so wie immer. Außerdem war ihr großer Bru-der Michael ja noch da und wusste Bescheid. So fuhren Ma-ma und Papa ruhigen Gewissens los, während Michael in seinem Zimmer damit beschäftigt war,

Der nächste Schritt: Nach dem Töpfchen kam das Klo.

chen, genauso wie ihre Eltern sie eineinhalb Stunden zuvor zurückgelassen hatten. Sie hatten einfach vergessen, die Dreijährige ins Bett zu legen. Und die hatte sich nicht getraut, ohne Erlaubnis das Töpfchen zu verlassen. Oder sie fühlte sich darauf einfach zu wohl.

Ein echter Reinfall

Wenn sie einmal, und das kam selten vor, nicht wussten, was sie machen sollten, gingen sie zum Bach. Dort gab es immer etwas zu tun. Karsten und seine Freunde hatten dort schon an den verschiedenen Stellen Dämme gebaut und so lange gewartet, bis das Wasser in einer großen Welle darüberschwappte.
Der Bach war auch eine Art Schatzkiste, in der man alles Mögliche fand. Einmal waren sie im trüben, schlammigen Wasser auf einen alten Topf gestoßen, der noch dicht war. Sie wollten eigentlich damit kochen, doch Papa hatte gesagt, man könne nie wissen, was für Keime sich in dem alten Pott

mit Playmobil-Indianern und Soldaten die Schlacht am Little Big Horn nachzuspielen.
Nach eineinhalb Stunden rollte Papas grüner R4 wieder auf den Hof. Die Eltern hatten alles eingekauft, was sie brauchten und waren sicher, dass Simone noch schlafen würde. Als sie die Tür zum Haus öffneten, hörten sie aus der 1. Etage ein dünnes Stimmchen rufen: „Mama, Mamaa!" Mama und Papa rannten die Treppe hoch und fanden Simone. Sie saß auf dem Töpf-

Irgendwann wurde es langweilig: Der Sandkasten war nur der Ausgangspunkt für neue Erkundungen.

angesammelt hätten. So stellte Karsten ihn in seiner Hütte auf ein Brett, schaufelte Erde hinein und pflanzte Gras und Blumen in die Erde. Die gingen allerdings nach kurzer Zeit wieder ein; wahrscheinlich, weil Karsten sie nicht gegossen hatte.

Ein anderes Mal hatten sie etwas Gruseliges gefunden. Sie stocherten im Wasser, bis Jens mit dem Stock ein seltsames, grau-weißes Etwas herausfischte. Es war ein Schädel! Markus war sich ganz sicher, dass das ein Schweineschädel sein musste. So ganz wohl war ihnen mit ihrem Fund allerdings nicht, so warfen sie ihn kurzerhand wieder ins Wasser. Ein bisschen ärgerte sie das schon in dem Moment, als das unheimliche Ding mit einem lauten Platsch im Wasser verschwand; aber so richtig erst, als sie drei Tage später an einer anderen Stelle im Bach die zweite, untere Hälfte des Schädels entdeckten. Mit beiden

Echter Naturbursche: Draußen machte das Spielen am meisten Spaß.

Teilen zusammen hätte man die Klassenkameraden bestimmt ordentlich erschrecken können. Bis zum Morgen hatte es geregnet, und das seit Tagen. Der Bach war so voller Wasser, dass sich Karsten nicht erinnern konnte, das schon jemals erlebt zu haben. Auch jetzt, nach den Schularbeiten, war der Himmel grau, aber es regnete wenigstens nicht mehr. So zog er sich seinen Bundeswehrparka mit der aufgenähten Deutschlandflagge und der praktischen Kapuze an und machte sich auf den Weg.

Es war klar, wo sich alle treffen würden. Mitten im Dorf gab es eine Stelle, an der der Bach durch einen künstlichen Engpass gebremst wurde. Von beiden Uferseiten ragte eine kleine Mauer ein Stück in den Bach hinein, in der Mitte war ein Loch. Schon oft waren sie darübergesprungen, von rechts nach links und von links nach rechts. Doch an diesem Tag war es anders.

Durch den Regen stand das Wasser bis an die Mauer heran, und eine Gruppe von zehn Kindern hatte sich dort schon versammelt. Aufmerksam sahen sie zu, wie einer nach dem anderen den Sprung wagte und klatschten und riefen laut, wenn er es geschafft hatte. Was sonst eine leichte Übung war, schien durch den reißenden Bach plötzlich ein gefährliches Abenteuer geworden zu sein. Bald stand auch Karsten auf dem kleinen Mauervorsprung. Vor ihm sauste der Bach mit einer noch nie gesehenen Macht durch den Engpass. Die andere Seite, die er schon so oft mit einem lockeren Sprung erreicht hatte, war plötzlich ganz weit weg. Es mussten mehrere Meter sein. Auf der anderen Seite stand Jens und streckte ihm die Hand entgegen. „Spring, ich halte dich fest!", rief er. Karsten zögerte noch. Ob er das wirklich konnte? So weit war es noch nie gewesen!

Vorsichtig sprang er mit einem Ruck ab. Zu vorsichtig, denn er hörte nur ein „oooh!" von den anderen Kindern, dann verschwand er bis zum Kopf im Bach. Das Wasser stand ihm tatsächlich bis zum Hals, so tief war es hier. Und kalt! Als er die Augen wieder öffnete, erwartete er, dass Jens ihm seine Hand von oben entgegenhalten würden. Doch es war niemand mehr da. Die Kinder hatten sich alle aus dem Staub gemacht. Alle. Kein einziger war da, um Karsten zu helfen. Mit aller Kraft zog er sich am matschigen Ufer hoch, die nassen Klamotten drückten ihn nach unten.

Er weinte, als er langsam den Heimweg antrat. Das hätte aber niemand sehen können, so nass, wie sein Gesicht, seine Haare und seine Kleidung waren. Zu Hause packte Mama ihn in die warme Badewanne und, als er wieder aufgewärmt war, in den flauschigen Bademantel. Es gab Kakao und ein Käsebrot, und am Abend durfte Karsten sogar „Dalli, dalli!" mit Hans Rosenthal bis zu Ende gucken. So gesehen hatte sich der gewagte Sprung doch noch ausgezahlt.

Eine wirklich blöde Idee

Wenn es eine Liste der blödesten Ideen in Sandras Leben gäbe, hätte diese Geschichte gute Aussicht auf einen der vorderen Plätze – vielleicht sogar auf den 1. Platz. Sandra dachte noch Jahrzehnte später nur mit Grauen an den Einfall, der sie ihren vorderen Schneidezahn kostete. Und das war schade, sie hatte ihn doch erst kurze Zeit gehabt. Es war gerade zwei Jahre her, dass der Milchzahn ausgefallen und ein großer weißer, perfekter Schneidezahn nachgewachsen war. Doch wie gewonnen, so zerronnen: Das Kunststück mit dem Klapprad forderte eben ein Opfer. In diesem Fall den perfekten Zahn.

Überhaupt das Klapprad. Aus unerfindlichen Gründen dachte man Anfang der 70er-Jahre, dass es cool sei, wenn man Fahrräder zusammenklappen und im Kofferraum eines Wagens verstauen könnte. Damit wäre man bei Ausflügen mobil, so der Gedankengang. Nicht, dass jemals wirklich viele Fahrräder im Kofferraum eines Wagens auf Fahrten ins Grüne gingen, aber dennoch wurden ungezählte Drahtesel konstruiert, die sich in der Mitte falten ließen.

Ein solches Rad also besaß Sandra. Es war ein Geschenk zu ihrem zehnten Geburtstag gewesen. Orangerot war es und mit Abstand das tollste Fahrrad im ganzen Ort. Zumindest für die Mädchen. Die Jungs fuhren mit Bonanza-Rädern herum, an deren verchromten Heckbügeln auch noch Fähnchen oder gar Fuchsschwänze flatterten. Igitt! Aber das war noch nicht das Schlimmste an diesen Choppern für angehende Motorradfahrer. Das Schlimmste war wirklich dieser alberne Bananen-Sattel, auf dem die Jungs beim Fahren thronten und immer ganz wichtig in die beiden Außenspiegel guckten, um das Geschehen im Blick zu behalten.

Eine wirklich blöde Idee

Generalprobe: Geübt wurde anfangs mit dem Roller.

Sandras Rad war schicker, allerdings eben auch nicht so stabil. Diese Erfahrung hatte sie sehr unfreiwillig gemacht, als ihr orangerotes Klapprad neulich einmal in einer Kurve unvermittelt zusammenklappte. Doch der Sturz war glimpflich verlaufen, Sandra trug die üblichen Blessuren davon: aufgeschürfte Knie und Ellenbogen. Ihre Mutter seufzte dann immer und behauptete, dass an Sandra ein Junge verloren gegangen sei. Was immer sie damit meinte – Sandra war sich sicher, dass sie einfach ein mutiges Mädchen war.

Und genau dieser Mut wurde ihrem Zahn zum Verhängnis. Es

war ein heißer Sommernachmittag, Sandra und ihre Freundin Jule waren im nahen Fluss geschwommen. Auf dem Rückweg dachte sich Sandra ein Kunststück aus. „Wetten, dass ich in voller Fahrt den Lenker um 360 Grad drehen kann?", fragte sie ihre Freundin. Die sah skeptisch drein. Ein Grund mehr, die Idee weiter zu verfolgen. Leider lag Sandras Stärke im Bereich Mut, nicht im Bereich Logik. Denn auch die Klappräder der 70er-Jahre hatten schon Schutzbleche, Lampen und Bremskabel. Allesamt Dinge, die sich nicht so ohne weiteres um 360 Grad drehen lassen. Doch so weit dachte Sandra nicht. Sie trat noch einmal kräftig in die Pedale, holte tief Luft und drehte den Lenker mit Macht herum. Sie kam nicht weit. Sandra stürzte nach vorne, als das Rad in voller Fahrt einknickte und einfach umfiel. Sie knallte mit dem Mund auf den Lenker und schmeckte Blut. Das war also danebengegangen. Jule stand verdattert neben ihrem Fahrrad und betrachtete ihre Freundin, die mit blutverschmiertem Mund neben dem zusammengeklappten Klapprad

Kunststückchen: Das Fahrrad war auch ein Sportgerät.

Gefährlich: Manchmal klappte das Klapprad unangemeldet zusammen.

Es geht auch ohne Klapprad: Endlich fuhr man motorisiert.

Eine wirklich blöde Idee

lag. „Dein Zahn", stammelte sie. Sandra fasste sich vorsichtig in den Mund. Da, wo eben noch der perfekte weiße Zahn gewesen war, fühlte sie eine Lücke. Das Entsetzen war groß.

Erst recht zu Hause. Sandras Mutter war außer sich. Jahrelang waren sie beim Kieferorthopäden gewesen, hatten Spangen anpassen lassen und viel Geld ausgegeben, damit Sandra ein ordentliches Gebiss im Mund hatte und dann – das. „Wächst der Zahn nicht wieder nach?", wollte sie wissen. „Welch dumme Frage!", rief die Mutter. Wieso dumm? Der Zahn war schließ-

lich schon einmal einfach so aus ihrem Oberkiefer gewachsen. Warum also nicht noch einmal? Die Mutter zuckte wütend mit den Schultern und machte einen Termin beim Zahnarzt aus. Am Abend lief Ilja Richters „Disco" im Fernsehen. Suzi Quatro präsentierte ihren Hit „Can the can". Atemlos sah Sandra der schönen Frau im schwarzen Leder bei ihrem Auftritt zu. „So gut wie die wirst du mit deiner Zahnlücke nun nie aussehen", sagte die Mutter. Suzie Quatro hat Sandra danach nie mehr gehört und schon gar nicht gemocht.

Klapprad: Ein Drahtesel zum Falten

Der Gedanke, ein Fahrrad falten und in den Kofferraum eines Wagens packen zu können, kam in der vom Mobilitätswahn geschüttelten Gesellschaft der 60er- und 70er-Jahre gut an. Die Räder waren einfach konstruiert, besaßen ein Scharnier am Rahmen – und das war meist schon alles, was sie an technischer Finesse zu bieten hatten. Das aber änderte an ihrem Erfolg nichts: 1975 war der Höhepunkt der Klappradbewegung. Jedes dritte in Deutschland verkaufte Rad war in diesem Jahr zusammenklappbar. Doch die Ansprüche an die Technik stiegen. In den 80er-Jahren wollte kein Mensch mehr ein Klapprad fahren. Wer aber heute den Begriff Klapprad hört, denkt meist nur wenige Sekunden später auch an das Bonanzarad, das mit Chopperlenker, Shimano-Schalthebel und Bananensattel die Herzen von Millionen Kindern höher schlagen ließ. Retrotrend hin oder her: Ein cooleres Gefährt gab es nie wieder für junge Menschen ohne Führerschein.

Da war der Landrat platt

Es war ein so öder Nachmittag wie schon lange nicht mehr. Den sechs Jungen, die an der Bushaltestation herumlungerten, war die Langeweile ins Gesicht geschrieben. Georg kickte einen Stein über die Straße und gähnte. Plötzlich aber kam Bewegung in den zähen Zeitfluss. Ein schwarzer, schicker Wagen fuhr vor und bremste vor dem Einkaufsladen gegenüber.

Ein Politiker, ähnlich dick wie sein Wagen, stieg aus dem Fonds und schlenderte gemächlich auf den Laden zu. Es war der Landrat selbst, der da einkaufen ging, sahen die Jungen mit Erstaunen. Der Fahrer des Landrats war unschlüssig. Im Wagen wollte er nicht sitzen bleiben, dazu war es zu heiß an diesem Tag. Aber einfach auf der Straße in der Hitze herumstehen, das wollte der Mann in der Livree auch nicht. Also eilte er dem Landrat in den Laden nach.

Standard: Für einen simplen VW-Käfer hätten die Jungs nicht so viel riskiert.

Mit einem Schlag erwachten die Jungs aus ihrer Trägheit. Ohne sich abzusprechen, marschierten sie auf das Auto zu und strichen bewundernd über den glänzenden Lack.

Nachher wusste keiner mehr, wer die Idee gehabt hatte. Doch mit einem Mal waren sich alle einig: Sie wollten den Landrat ärgern, ihm die Luft aus den Reifen des Mercedes lassen. Nicht ganz platt, nur so ein bisschen. Das wäre ein kühner Streich, glaubten sie. Günter zeigte auf das Ventil. Das könne man ganz nach Belieben öffnen und wieder schließen, alles kein Problem, sagte er. Na dann: Georg zögerte nicht, öffnete das Ventil und sah zu, wie die Luft lustig aus dem Reifen zischte. Halt, nicht so viel! Doch das Ventil klemmte, Georg konnte es nicht wieder zudrehen. Im Handumdrehen war der Reifen platt wie eine Flunder. Die Jungs ahnten, dass sie für diese Tat daheim keine Lorbeeren ernten würden und stoben in alle Himmelsrichtungen auseinander.

Kaum war Georg, ein unschuldiges Liedchen pfeifend, zu Hause angekommen, klingelte es an der Tür. Draußen stand

Mittelklasse: Ein Opel war schon ein ordentliches Auto, nur die Reichen und Mächtigen fuhren Mercedes.

wutschnaubend der Chauffeur. Er wisse ganz genau, dass dieser freche Lümmel den Landrat, nein, dessen Wagen platt gemacht habe – dafür gebe es Zeugen, tobte der zornige Mann.

Wenn nicht die Tante neben ihm gestanden hätte, wäre Georg stumm vor Angst hintenüber gekippt. Aber die Tante mochte ihren Neffen sehr – und diesen aufgeblasenen Wicht da an der Tür umso weniger. Sie verschränkte die Arme vor der Brust, holte tief Luft und fauchte den Fahrer derart an, dass der erschrocken einen Schritt zurücktrat. Es sei eine Unverschämtheit, dem armen unschuldigen Jungen die Tat zur Last zu legen. Der Reifen könne genauso gut schon zuvor undicht gewesen sein. Wäre der Herr Fahrer mal bei seinem Wagen geblieben, wie es ja auch seine Pflicht sei, hätte die ganze Malaise auch gar nicht geschehen können, keifte die Tante. Georgs Mutter, vom Gezeter angelockt, kam ebenfalls zur Tür. Ihr Blick ließ keinen Zweifel daran, was ihm in Kürze blühen würde. Er zog den Kopf ein und versuchte nicht an die Schläge zu denken, die ihn erwarteten.

Doch er hatte die Rechnung ohne die Tante gemacht. Die war mittlerweile richtig sauer. Wer denn Georg verpfiffen habe, wollte sie wissen. Eine Nachbarin habe vom Fenster aus die Jungen beobachtet, sagte der Chauffeur, froh über diese glaubwürdige Zeugin. „Das klären wir!", rief die Tante und lotste den aufgebrachten Fahrer von der Tür weg. Sie rief ihrer Schwester zu, nur die Finger von dem Jungen zu lassen, so lange die Sache nicht geklärt sei. Als sie wiederkam, war die Wut verraucht, ein vermittelndes Wort gesagt – und von Schlägen keine Rede mehr. Kinder aber haben ein gutes Gedächtnis. Vor allem, wenn es um eine Tracht Prügel geht. Auch wenn die Tante die Mutter davon abgehalten hatte, Georg zu verhauen, vergaß der

Treffpunkt: Zum Streicheaushecken traf man sich am besten auf dem Spielplatz.

Junge nie, wer ihn verpetzt hatte. Schließlich kannte er die Frau genau, die immer mit einem Kissen unter den Armen aus dem offenen Fenster sah. Er vergab der Denunziantin nicht. In seinem ganzen Leben grüßte er die Frau, die ihn verraten hatte, nie wieder.

Ausflug auf dem Rücksitz: Irgendwann wurden auch Kindersitze entwickelt.

Auto lenken mit Papa

Andreas Begeisterung für Technik konzentrierte sich schon früh auf ein einziges Objekt: das Auto der Eltern. Seit einiger Zeit hatten sie den roten Renault R16, und für die Kinder war es immer ein Ereignis, auf den Rücksitzen mitzufahren. Der Wagen hatte sogar hinten Gurte, was eine neue Errungenschaft war, und für die Kinder gab es eine Art Tischchen, das mit dem Gurt vor ihrem Bauch befestigt wurde.

Mit dem Auto wurden die Sonntagsausflüge, die Andreas bisher immer langweilig gefunden hatte, plötzlich ein Erlebnis. Er liebte das Geräusch, wenn der Motor zündete und zum Leben erwachte, und es losging. Doch das Allergrößte war es, wenn Andreas auf dem Schoß des Vaters sitzen und den kurzen Weg von der Hofeinfahrt bis zur Garage lenken durfte. Vater ließ den Renault einfach rollen, denn der Hof war ein wenig abschüssig. Dann durfte Andreas steuern, sodass der Wagen elegant in die Garage rollte und dort zum Stehen kam.

Andreas merkte kaum, dass der Vater natürlich immer gut aufpasste; jederzeit bereit, rettend einzugreifen. An einem Tag jedoch, vielleicht war Papa müde, war er nicht aufmerksam genug. Andreas lenkte ein bisschen zu weit nach rechts und – beinahe wäre das Auto gegen die Wand geprallt. Doch dann riss es Andreas nach vorne, und er schlug mit der Nase fast gegen die Windschutzscheibe. Papa hatte gerade noch rechtzeitig reagiert und voll auf die Bremse getreten.

Der Wagen kam knapp vor der Mauer zum Stehen. Beide waren einen Moment still und brachen dann in Gelächter aus. Mama erfuhr von dieser Geschichte nie etwas. Sie blieb ein Geheimnis unter zwei Männern, die ein bisschen leichtsinnig gewesen waren.

Schrauber am Werk

Als Michael eines Tages Ingenieur geworden war, überraschte das niemanden mehr, am

Auto lenken mit Papa

Faszination Technik: Am liebsten wären sie selbst gefahren.

Das Ställchen: Auch von dort aus konnte man schrauben.

Wachsmalkreide verschönern. Eigentlich fühlte er sich im Ställchen auch recht wohl, zumal wenn er sein Kinder-Hämmerchen und seine Stofftiere bei sich hatte.

Eines Tages saß er wieder dort, als seine Augen auf den Schaukelstuhl fielen. Der stand sonst nie so dicht neben dem Ställchen. Da unten an den Kufen blitzte doch etwas, das musste er dringend mal ausprobieren! Michael schob seine kleinen Hände zwischen den Gitterstäben durch und drehte. Als Mama mit zwei Flaschen Sprudel aus dem Keller

wenigstens seine Eltern. Es gab Ereignisse in Michaels Kindheit, die diesen Weg vorhersehbar gemacht hatten.

Das erste geschah im Laufställchen. Wenn Mama oder Papa etwas Gefährliches zu erledigen hatten, wenn zum Beispiel heiße Töpfe auf dem Herd standen, war Michael dort vor den Töpfen und die Töpfe vor Michael in Sicherheit. Auch wenn Mama mal schnell in den Keller gehen wollte, landete Michael im Ställchen und konnte in dieser Zeit nicht mit spitzen Dingen in der Steckdose bohren oder die Tapete mit

Mit dem Hämmerchen:
Früh übt sich, wer Maschinenbauer werden will.

zurückkam, staunte sie nicht schlecht. Wo um alles in der Welt hatte der Junge zwei goldglänzende Flügelschrauben her? Kurze Zeit später war es klar: Ein Schrauber war geboren.

Einige Jahre später war Michael längst in der Grundschule. Der Junge war immer früh wach, sodass Papa und Mama ihn eigentlich nie wecken mussten. Meistens spielte er schon mit Fischer-Technik oder blätterte in einem Was-ist-Was-Buch. An diesem Tag lag er aber noch im Bett, als Mama ins Zimmer kam, um ihm Bescheid zu sagen, dass er sich jetzt waschen müsse. Michael war kaum zu sehen, denn über sich hielt er ein großes Blatt Papier. Mutter fragte sich, was dieser Plan mit den vielen fein gezeichneten Linien wohl sein mochte, die der Junge so intensiv studierte. Entfernt erinnerte das Ganze an ein Schnittmuster aus dem Frauenmagazin Brigitte.

„Was liest du denn da?", fragte sie Michael, und der antwortete trocken: „Den Schaltplan von unserem Fernseher." Kein Wunder also, dass Michael heute Ingenieur ist.

Hauptsache Musik: Die Tonqualität war nicht die beste, aber das war eigentlich egal.

Schrauber am Werk

Hecks Hitparade und der Kassettenrekorder

Wenn der Vorrat an Musikkassetten knapp wurde, wurde Sabine nervös. Denn einmal im Monat stockte sie ihr musikalisches Repertoire auf: Dann packte sie den kleinen Philipps-Rekorder, platzierte ihn unmittelbar vor dem Fernsehgerät und wartete darauf, dass es wieder hieß: „Hier ist Berlin! Hier ist das ZDF mit der Hitparade aus dem Studio 1 der Berliner Union-Film."

Plakativ: Mit den Postern der Stars wurden die Wände tapeziert.

Moderator Dieter Thomas Heck begrüßte jedes Mal völlig begeistert von sich selbst und seiner Sendung das millionenfache Publikum.

Das setzte sich aus allen Altersgruppen zusammen. Nicht nur Sabines Brüder, auch ihre Eltern waren immer mit dabei, wenn der Schnellsprecher Heck die Welt der Lieder präsentierte, Rex Gildo im hautengen weißen Anzug „Hossa!" rief, Ireen Sheer, Marianne Rosenberg und Peggy March über die Bühne wirbelten und Peter Maffay von Josie und den aufregenden Samstagabenden in seiner Straße sang. Die Sendung traf den Nerv der Zeit. Die Menschen fieberten mit, wer im kommenden Monat auf dem Siegertreppchen stehen würde, denn damals stimmte man nicht etwa per Mail oder per SMS für seinen Favoriten, sondern per Postkarte. Mit viel Glück bewirkte diese Postkarte gleich zweierlei. Einmal, dass der gewählte Star im x-ten Monat wieder ganz vorne lag und dann, dass man eine der begehrten Reisen ins Hauptstadt-Studio in die Livesendung gewann. Sabine schrieb im Laufe der Jahre mit krakeliger Kinderschrift ungezählte Postkarten, reiste aber nie irgendwo hin; schon gar nicht zur Hitparade. Dennoch hatte die Sendung ihr Gutes: Sabine entdeckte in den 70ern

mit Dieter Thomas Heck die Welt der Stars. Und sie versuchte sie alle für die Ewigkeit zu dokumentieren. Der kleine Philipps-Rekorder war das Mittel zum Zweck – leider aber ein völlig unzureichendes. Es war schwierig, wenn nicht schlicht unmöglich, Lieder aufzunehmen, ohne eine ohrenbetäubende Lärmkulisse als Hintergrund des frisch aufgenommenen Liedes zu haben.

Da konnte sie noch so genau aufpassen, exakt am Ende einer aberwitzig schnell gesprochenen Heck'schen Anmoderation zum Rekorder stürzen, auf die Sekunde genau zum ersten

Hecks Hitparade

Immer dabei: der Kassettenrekorder.

Takt von Costa Cordalis „Komm Carolina!" gleichzeitig die Aufnahme- und die Starttaste des Rekorders drücken und damit einen perfekten Anfang mitschneiden – es nützte alles nichts. Denn just, als die beiden Tonspulen sich gleichmäßig drehten und das deutsche Liedgut mitschnitten, begannen sich entweder ihre beiden Brüder zu streiten, der Hund zu bellen oder ihre Mutter gleich neben dem Fernseher stehend mit der Nachbarin zu telefonieren.

Das Los des dokumentationswilligen Zeitzeugen war ein schweres, das lernte Sabine von Kindesbeinen an. Und auch später, als Ilja Richter mit der „Disco" groß rauskam, wurde zwar Sabines Kassettenrecorder größer, die aufgenommene Tonqualität aber kaum besser. Ilja Richters Spruch „Licht aus! Whoom! Spot an! Jaaa ...!" wurden zum festen Begriff im Sprachschatz der Jugend. Auch Sabine lernte schnell, dass Rex Gildo längst nicht mehr das Maß aller Dinge war. Als Suzie Quatro 1973 „Daytona Demon" und „48crash" sang, fing für Sabine – und vor allem ihre älteren Brüder – eine neue Ära an. Und die konnte man beim allerbesten Willen nicht mehr auf einem kleinen Philipps-Kassettenrecorder erleben.

Die ZDF-Hitparade:

Der Schnellsprecher und die Musik. Satte 31 Jahre lief diese Sendung im Zweiten Deutschen Fernsehen: die Hitparade. Am 18. Januar 1969 ging sie zum ersten Mal über den Sender. Genauso legendär wie die Hitparade war ihr erster Moderator Dieter Thomas Heck, der auch das Konzept mitentwickelt hatte. Eines seiner Markenzeichen war das Schnellsprechen, so ratterte Heck die Namen der an der Produktion beteiligten Personen in rasender Geschwindigkeit herunter, wenn der Abspann lief. Hecks Nachfolger waren von 1985 bis 1989 Viktor Worms und danach bis zum Ende der Sendung im Jahr 2000 Uwe Hübner. Hecks Popularität erreichten beide nie.

Bei der Lektüre: Nicht alle interessierten sich für Fußball im Fernsehen.

Die WM fand am Strand statt

Im Sommer 1974 ging es in den deutschen Radio- und Fernseh-Geschäften hoch her. Wer bislang noch keinen Farbfernseher hatte, der musste spätestens jetzt einen kaufen. Und zwar ganz dringend und sofort. In Deutschland wurde zum allerersten Mal eine Fußball-Weltmeisterschaft ausgetragen, und die wollten die meisten Männer in Farbe sehen. 20 Jahre zuvor hatte man den Jungs von Sepp Herberger noch ohne zu meckern beim in schwarz-weiß übertragenen Spiel zugejubelt. Doch die Zeiten hatten sich geändert, die Welt lechzte nach Farbfernsehern. Die gab es seit 1967. Außenminister Willy Brandt hatte mit dem symbolischen Druck auf den roten Knopf während der 25. Deutschen Funkausstellung im August 1967 in West-Berlin eine neue Ära des Fernsehens eingeläutet. ARD und ZDF zeigten an diesem Nachmittag als erste Farbsendung gemeinsam den Film „Cartouche, der Bandit" mit Jean-Paul Belmondo und Claudia Cardinale. Doch so gut die Cardinale sonst – nicht nur

Am Strand: Tagsüber war noch Zeit für die Kinder.

bei den Fußballfans – auch ankam, im Sommer 1974 interessierten sich die Männer nicht für italienische Diven, sondern ausschließlich für deutsche Ballsportler. Und so gingen die breiten Fernsehseher mit den großen Bildröhren wie warme Semmeln über die Ladentheken. Jörgs Vater hatte zwar einen

Farbfernseher längst zu Hause stehen, nun aber ein ganz anderes Problem: Er hatte einen dreiwöchigen Ostsee-Urlaub mit der ganzen Familie geplant. Mitten in der WM. Das brachte ihn in die Bredouille, denn zu allem Unglück hatte er sich und die seinen auf einem Campingplatz eingebucht – und nicht etwa in einem modernen Hotel mit Fernsehraum. Und das genau in der Zeit der Weltmeisterschaft – es war ihm ein Rätsel, wie das hatte passieren können.

Ein paar Tage hielt es der Vater in den Ferien aus, zu jedem Spiel eine Gaststätte im Ort zu besuchen. Dort scharten sich viele Feriengäste um einen einzigen Apparat mit schlechtem Empfang. Als aber die Mannschaft der DDR in der Vorrunde 1:0 gegen das bundesdeutsche Team siegte, war Schluss mit dem Halsverrenken vor anderer Leute Fernseher: Nach kurzer Debatte mit der Mutter zog der Vater los und machte sich auf den Weg nach Kiel. Als er zum Campingplatz zurückkam, schleppte er einen Karton. Zum großen Jubel der anderen Urlauber hatte er einen tragbaren Farbfernseher erworben. Damit war Schluss mit den Besuchen in der Gaststätte. Der Stellplatz von Jörgs Familie wurde zum abendlichen Treffpunkt der Fußballfans, die sich nun vor dem – zugegebenermaßen nicht allzu großen – Bildschirm versammelten. Und auch Jörgs

Anziehen: Vom Strand ging es direkt vor den Fernseher – zum Fußball gucken.

Die Nu...

Mutter, die anfangs nicht sonderlich begeistert vom Spontankauf ihres Mannes gewesen war, zeigte sich von Tag zu Tag glücklicher mit der neuen Errungenschaft. Denn diese bereicherte den Urlaub in sportlicher Hinsicht ganz gewaltig.

Das Endspiel sollte Jörg nie vergessen. Am 7. Juli 1974 standen sich Deutschland und die Niederlande im Kampf um den Titel gegenüber. Als in der allerersten Minute Johann Neeskens das Tor für Holland schoss, herrschte auf dem Campingplatz in Kalifornien an der Ostsee eine ohrenbetäubende Stille. Keiner von all denen, die sich um den Mini-Fernseher drängten, konnte glauben, was er da sah. Jörgs Mutter, die nach dem Essen noch schnell die Teller gespült hatte, lehnte in der Wohnwagentür und kaute vor Spannung auf einem Zipfel des Geschirrtuchs herum. An der Spannung änderte sich auch in den kommenden 89 Minuten nichts. Selbst als Paul Breitner und Gerd Müller in der ersten Halbzeit das 2:1-Ergebnis schossen, blieb die ungeheure Aufregung der Zuschauer. Weltmeister im eigenen Land zu werden; das war ein solch großes, ungeheures Ziel, dass kaum jemand daran glaubte, es wirklich zu erreichen. Um 17:47 Uhr an jenem 7. 7. stand fest, dass der Traum in Erfüllung gegangen war. Jörgs Mutter nahm das zerkaute Geschirrtuch aus dem Mund und tat das, was alle anderen um sie herum auch taten: jubeln.

Alleine im Strandkorb: Manche Mutter verzichtete auf die WM und hatte den Strand für sich alleine.

Die Fußball-Weltmeisterschaft 1974: Der zweite Streich

20 Jahre nach dem Wunder von Bern gelang den deutschen Fußballern der zweite Streich bei einer Weltmeisterschaft, diesmal in München. Am 7. Juli 1974 besiegte die Nationalmannschaft die Auswahl der Niederlande mit 2:1. Paul Breitner (25. Minute, Foulelfmeter) und Gerd Müller (43.) sorgen mit ihren Toren für den Triumph, das holländische Tor hatte Johan Neeskens bereits in der 1. Minute erzielt, ebenfalls per Elfmeter. Im Weltmeister-Team von '74 waren viele Spieler, die den deutschen Fußball noch über Jahre in verschiedenen Funktionen bestimmen sollten, darunter Franz Beckenbauer, Sepp Maier, Rainer Bonhof, Berti Vogts und Uli Hoeneß.

Budenzauber

Irgendwann hatte Dirk von Laubsägearbeiten genug. Etwas Richtiges musste her: ein Haus, oder besser gesagt: eine Hütte. Allein ging das nicht, und so trommelte Dirk seine Freunde Jens und Markus zusammen. Vor dem Bau stand die Materialsuche. Mit einem Bollerwagen zogen die drei Freunde durchs Dorf, hielten bei Bauernhöfen, klingelten bei Verwandten und sahen sich unter Brücken und auf unbewohnten Grundstücken um. So lag bald eine ordentliche Anzahl an Brettern jeder Form und Größe im Bollerwagen, sogar zwei Fenster mit fast noch vollständigen Scheiben hatte ihnen ein alter Bauer geschenkt. Nägel gab es in Papas Werkzeugkasten genug und Ermahnungen von ihm und Mama, wie sie mit Hammer und Säge umzugehen hatten, kostenlos dazu.

Das konnte sie nicht stoppen. Jede freie Minute sägten und hämmerten sie, dazu gruben sie im Garten kleine Gräben, in die sie die Bretter steckten. Und so wuchs langsam die Hütte. Zum guten Schluss deckten

Auf Materialsuche: Auch im Wald gab es Baustoffe für eine Hütte.

Dirk und Markus das windschiefe Häuschen mit Teerpappe ab, und für innen hatten sie sogar ein paar Rollen Tapete gefunden. Die entsprach mit ihrem Blümchenmuster wirklich nicht dem Geschmack der Jungen, aber eigentlich war das ziemlich egal. Das eigene Heim war fertig. Ein altes Batterie-Radio dudelte und so saßen sie mit einem Becher Fanta in der Hand in der Hütte und froren ein wenig, weil der Herbst langsam die Welt in den Griff nahm. Jetzt packte Dirk feierlich das klitzekleine Päckchen aus, das Papa ihm zur Einweihung der Hütte geschenkt hatte. Aus der Schachtel kam blitzend etwas

Rotes hervor: ein echtes Schweizer Taschenmesser, der Stolz eines jeden Jungen und eines jeden Heimwerkers mit einer eigenen Hütte. Es war nicht Dirks erstes Taschenmesser, sein altes trug er in der Jeanstasche. Allerdings war das alte nur einem echten Schweizer Messer nachempfunden und ziemlich stumpf.

Dirk nahm das neue Werkzeug heraus. Jens und Markus sahen fast ehrfürchtig zu, als er die Klinge ausklappte. Dann machte er das, was er mit dem alten

Endlich Hausherr: Stolz auf die eigene Holzhütte.

Bastelzauber

Die Anfänge: Ein Baumhaus im Garten.

Messer x-mal gemacht hatte und aus Filmen kannte. Er schob die Klinge von rechts nach links über seine Daumenkuppe. Autsch! Blut quoll aus dem geraden, präzisen Schnitt. Ein echtes Schweizer Offiziersmesser war eben doch etwas anderes als eine billige Nachahmung. So endete das Treffen in der Hütte mit einem Pflaster, aber natürlich ohne Tränen. Schließlich war Dirk kein Baby mehr; er hatte ja sogar eine eigene Hütte.

Eine Karte fehlt noch: Quartett war ein beliebtes Gesellschaftsspiel.

Ist doch alles nur ein Spiel

In den 80er Jahren begann eine Welle von Gesellschaftsspielen die Familien zu überrollen. Lange hatte man vor allem „Mensch, ärgere dich nicht", Halma und Mühle gekannt, doch nun hieß ein Spiel, das bei Michael und Simone im Schrank stand, zum Beispiel „Hase und Igel". Es ging dabei nicht einfach nur ums schnöde Würfeln, sondern irgendwie um Möhren, mit denen etwas bezahlt werden musste und darum, wer zuerst das andere Ende des Ackers erreicht hatte. Oder so ähnlich.

Dann gab es auch lustige, elektrische Spielereien, wie das Spiel „Dr. Bibber": ein Bild von einem menschlichen Körper, in dessen Vertiefungen Dinge lagen, die die Spieler mit einer Pinzette herausoperieren sollten. Gelang das nicht, und man stieß mit dem Werkzeug an den Rand des Loches, ertönte ein hässlicher Piepton und die Nase des Patienten leuchtete rot auf. Die Operation war gescheitert! Schade, dass es in der echten Medizin nicht immer so glimpflich mit einer roten Nase ausgeht.

Ähnlich geartet war „Dr. Wackelzahn", das Spiel mit dem großen Kopf, dem man den Mund aufklappen konnte. Gefüllt war er mit Zähnen aus Knetmasse. Nach Herzenslust zog Simone einen Zahn nach dem anderen, und Michael verpasste dem bemitleidenswerten Patienten Plombe um Plombe. Das Schöne: Wenn das Gebiss unwiderruflich zerstört war, bekam der Plastikkamerad einfach aus Knetmasse ein neues.

Michael und Simone spielten viele dieser Spiele gerne, aber eigentlich machten ihnen die einfachen, alten Klassiker am meisten Spaß. „Mensch, ärgere dich nicht", hieß ja nicht zum Spaß so, sondern weil Papa sich wirklich mächtig aufregte, wenn sein roter Stein vom Brett flog, kurz bevor er ihn ins sichere Häuschen setzen konnte. Beliebt war deswegen auch Malefiz, das mit der Barrikade. Es war ein Spaß, fand Simone, wenn sie ihrem Bruder, der älter und manchmal ein bisschen doof war, einfach einen fiesen

Da kam es auf Geduld und Fingerspitzengefühl an: eine Bierdeckel-Pyramide.

Stein vor die Nase setzen konnte. Schon kam seine Figur auf dem Weg zum Ziel kein Stück weiter. Das hätte sich Simone beim Fahrradrennen auch gewünscht, aber da hatte ihr Bruder meistens die Nase vorn.

Die Grenze war der Horror

Jörg brauchte keinen Adventskalender um zu merken, dass Weihnachten näher rückte. Das wurde schon Wochen vorher deutlich, wenn seine Mutter anfing, Päckchen zu packen. Westpakete wurden die Kartons genannt, die regelmäßig zu Ostern und Weihnachten, aber auch zu den Geburtstagen der Verwandten nach drüben, in die Zone, geschickt wurden.

Jörgs Opa lebte in Thüringen, auf der anderen Seite der Mauer, die sich endlos und furchterregend durchs Land zog und ihn von seinem Enkel trennte. So oft es sich Jörg von seinen Eltern auch erklären ließ, er hatte nie verstanden, warum er Oma und Opa nicht so oft besuchen durfte, wie er wollte und auch seine Cousins nie zu Besuch ka-

men. Die DDR, das war für Jörg das Land, in dem es keine Led-Zeppelin-Platten, keine Jeans und keine Strumpfhosen gab. Nicht dass ihn Letzteres besonders interessiert hätte, aber das Thema Nylons war unter den Frauen seiner Familie ein großes Thema. Jörgs Mutter kaufte sie in großen Mengen, wenn sie im Kaufhaus waren, um sie dann nach Thüringen, also auf die andere Seite der Mauer, zu schicken.

Aber längst nicht nur Nylons, auch Kaffee, Seife, Schokolade und Spielsachen wurden verpackt und den Verwandten zugesendet. Jörg stellte sich im-

Ostwärts: Mit dem Mercedes ging es über die Zonengrenze.

Protest: Sogar beim Kirmesumzug in den 50er-Jahren war die deutsche Teilung Thema.

mer vor, wie die Verwandten vor diesen Paketen saßen, die ihnen doch beinahe magisch erscheinen mussten. Und wie sie dann mit größter Freude all die Dinge auspackten, die für ihn völlig selbstverständlich waren. Ein Leben ohne Deep-Purple- und Led-Zeppelin-Platten war für Jörg nicht vorstellbar.

Er trug eine Jeansjacke, wie sie kein anderer trug. Als seine Oma aus Thüringen wieder einmal Tochter und Enkel im Ruhrgebiet besuchen durfte, hatte sie Jörgs größten Wunsch erfüllt und ihm in zweitägiger, mühsamer Handarbeit einen Led-Zeppelin-Schriftzug auf die Jacke genäht. Nicht dass die Oma jemals „Stairway to heaven" gehört oder gewusst hätte, welch geniale Musiker Robert Plant und Jimmy Page waren. Trotz dieser – durchaus verzeihlichen – Ahnungslosigkeit hatte die Oma mit Nadel und Faden nach Jörgs Vorlage die Jacke bestickt und damit das coolste Kleidungsstück im Umkreis von 500 Kilometern geschaffen. Dass es so etwas jenseits der Mauer nicht geben sollte und vor allem nicht geben durfte, begriff er nicht. Aber er sah es ja bei den Besuchen an seinen Cousins: Sie trugen keine lässige Kleidung und hätten ihm wohl für seine Led-Zeppelin-Levis-Jacke ein Vermögen bezahlt, wenn sie es denn gehabt hätten.

Die Besuche bei der DDR-Verwandtschaft wurden von langer Hand vorbereitet. Jörgs Mutter kaufte noch mehr Nylons als sonst und bekam eine lange Liste aus dem Osten mit all den kostbaren Dingen, die es dort nicht gab, die aber dringend benötigt wurden. Jörg sammelte die Musikzeitschriften für die Cousins und die Starschnitte von Rockstars für die Mädels hinter der Mauer. Die konnte man damit wirklich beeindrucken. Auch Jörgs Vater war mit Vorbereitungen beschäftigt: Er schraub te vor der Abreise stets die Radkappen seines Wagens ab, und auch der Mercedesstern blieb für die Dauer des Ostbesuchs zu Hause in der Schublade. Die Angst des Vaters um diese Zubehörteile war immer groß, selbst im Urlaub in den Bergen fürchtete er um die Insignien des Autoherstellers. Dabei waren die in Berchtesgaden doch nun wirklich nicht gefährdet.

Diese Sorge um Mercedesstern und Radkappen war aber rein gar nichts gegen die Beklemmung und die Furcht an der Grenze. Es war für Jörg jedes Mal ein Schock, wenn er sah, mit welcher Anspannung und mit welcher Angst seine Eltern vor ihm im Auto saßen, wenn sie am Grenzübergang Herleshausen hielten. Wenn die Grenzer sich mit finsteren Blicken in den Wagen beugten und die Papiere verlangten, waren die Gesichter seiner Eltern sorgenvoll gefurcht, keiner sagte ein Wort und die Spannung war mit Händen zu greifen. Wenn diese Tortur überstanden war und der dicke West-Wagen in den grauen Osten rollte, war alles gut. Dann dauerte es nicht mehr lange, bis die Oma Jörg in die Arme schloss. Nie hatte sich jemand so sehr über sein Kommen gefreut wie seine Oma. Opa sagte nicht viel – aber Jörg sah an den Blicken, dass auch ihm das Herz im Leib vor Freude hüpfte. Und diese Freude war viel wert. Vielleicht sogar so viel, dass er seinem Cousin irgendwann die Led-Zeppelin-Jacke schenken würde. Vielleicht.

Das Westpaket

Nichts war in der DDR so begehrt wie ein Paket aus dem Westen. Die staatliche Teilung des Landes griff nicht – zumindest, wenn es um Freunde und Familie ging. Das Westpaket wurde zu einem Symbol der Verbundenheit. Längst nicht nur zu Weihnachten landeten die Pakete in der Post, die die Aufschrift „Geschenksendung, keine Handelsware" tragen mussten. Um die 25 Millionen Pakete gingen Jahr für Jahr über die Grenze. Darunter geschätzte 1000 Tonnen Kaffee und fünf Millionen Kleidungsstücke – per anno.

Auch wenn sie nicht passten, waren sie im Osten als Tauschware von privat an privat begehrt. Unbedingt hinein ins Paket gehörten Kaffee, Kaba, Feinstrumpfhosen, ein Fläschchen Oil of Olaz, die neuesten Burda-Schnittmuster und eine Ausgabe der Frauenzeitschrift Brigitte. Und wenn alles – gerade für die Menschen im Osten – super lief, dann lagen eine Ausgabe der Jugendzeitschrift Bravo und ein Päckchen Tic-Tac bei. Wenn ein solches Paket ankam, dann war das ein Tag wie Weihnachten.

Kino und Straßenbahn

Natürlich waren Regeln dazu da, sich daran zu halten. Das wussten auch Michael und Kerstin. Doch es gab manchmal Fälle, da mussten die Regeln ein wenig ausgedehnt werden, besonders, wenn man niemandem damit schadete.

Sie wollten ins Kino gehen, zu zweit, ohne Freunde und natürlich ohne Eltern. Das Geld für den Film, acht Mark, hatten sie sich mühsam zusammengespart.

Es blieb sogar noch etwas für Popcorn und eine Cola übrig. Das war aber schon knapp gerechnet, und für die Straßenbahn war dann kein Pfennig mehr da. Also laufen? Zu weit. Fahrrad? Viel zu uncool, schließlich hatte Michael nur ein ziemlich altes, geerbtes Rad. Das musste Kerstin nicht unbedingt sehen.

Also standen sie am Nachmittag ziemlich aufgeregt an der Haltestelle und warteten auf die Straßenbahn. Michael tat ziemlich locker und behauptete: „Das

Das Kino: Filme waren eine ganz eigene Welt.

habe ich schon tausendmal gemacht. Gar kein Problem." In Wirklichkeit kannte er schwarzfahren nur aus der Erzählung von Freunden und hatte es selbst noch nie riskiert.

Sie stiegen also ein und postierten sich direkt neben dem Entwerter. Profis, so wusste Michael, hatten eine ungestempelte Karte dabei und drückten sie schnell in die Stempelmaschine, wenn ein Kontrolleur auftauchte. Hätte er aber dafür das Geld gehabt, wäre das Problem ja sowieso erledigt gewesen. So standen sie also beide da und beäugten

ängstlich jeden, der einstieg. Nicht, dass es plötzlich hieß: „Kartenkontrolle, Ihre Fahrscheine, bitte!"

Es waren nur noch zwei Stationen bis zum Kino, als Michael drei Männer auffielen, die an der nächsten Haltestelle warteten. Alle drei trugen schwarze Herrenhandtäschchen bei sich; ein untrügliches Zeichen, wie Freunde ihm erzählt hatten. „Wir müssen raus!", flüsteterte er Kerstin zu. „Wieso, bis zum Kino sind es doch noch zwei Stationen." – „Wir müssen raus, glaub mir!" So drängten sie eilig aus der Bahn, wobei Michael die drei Herren nicht aus den Augen ließ. Hinter ihnen schlossen sich die Türen, die Bahn rollte weiter, und die Herren standen immer noch an Ort und Stelle, ins Gespräch vertieft.

Michael seufzte: Entweder hatte er sich geirrt, und das waren gar keine Kontrolleure, oder sie warteten auf eine andere Bahn. Kerstin und er mussten jedenfalls laufen.

Das Schwitzen ging an der Kinokasse weiter. Immerhin mussten sie den Mann, der die Karten verkaufte, davon überzeugen,

Schwierige Zeit: Die Pubertät sorgte für neue Herausforderungen.

Kino und Straßenbahn

dass sie beide schon locker 16 Jahre alt waren. In Wirklichkeit war Michael gerade mal 14 und Kerstin schon seit einiger Zeit 15. Michael bemühte sich, langsam und mit tiefer Stimme zu sprechen, als er nach den zwei Karten fragte: „Zweimal Sperrsitz, bitte!" – „Probleme mit der Stimme?", fragte der Kartenverkäufer. Michael schüttelte den Kopf, worauf der Mann lächelte und sagte: „Na, dann wollen wir mal nicht so sein." Er reichte die ersehnten Karten über den Tresen, und kurze Zeit später fielen Kerstin und Mi-

chael erleichtert in die Sitze. Vom Film „Gremlins – kleine Monster" bekam Michael dann nicht sehr viel mit, weil er die erste Hälfte der Handlung überlegte, ob er es wagen sollte, nach Kerstins Hand zu greifen, und sich die zweite Hälfte ärgerte, dass er sich nicht traute. Popcorn fiel auch aus, weil sich beide einig waren, dass Geld lieber für die Rückfahrkarte aufzuheben. All der Ärger war aber ganz schnell vergessen, als Kerstin Michael zum Abschied an der Haltestelle einen Kuss auf die Wange drückte.

Unsere Kindheit

Die *neue* Geschenkbuchreihe aus dem Wartberg Verlag

Unsere vier West-Bände

 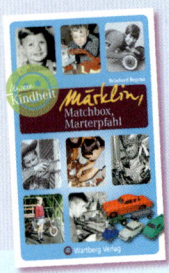 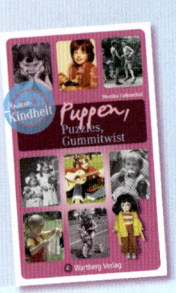 

Die mit Charme und Esprit erzählten Anekdoten aus der Kindheit und Jugend in den 50er- bis 80er-Jahren begeistern mit vielen schönen Bildern und erinnern an eine längst entschwundene Zeit, in der sich die Mainzelmännchen im Fernsehen tummelten, in der an jeder Ecke ein Kaugummiautomat hing, die Klassenfahrten in den Schwarzwald führten und die Sommerurlaube an der Ostsee verbracht wurden.

Unsere vier Ost-Bände

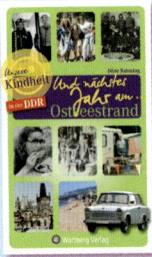

DDR

... hier werden *Erinnerungen* wach!

Unsere Bücher erhalten Sie im Buchhandel vor Ort oder direkt bei uns:
Wartberg Verlag GmbH & Co. KG
Im Wiesental 1, 34281 Gudensberg-Gleichen, Tel.: 05603/93 05-0, Fax: 05603/93 05-28
E-Mail: info@wartberg-verlag.de Online-Shop: www.**wartberg-verlag**.de